LA CASA
antialérgica

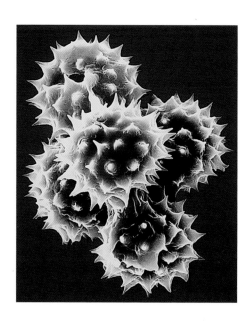

LA CASA
antialérgica

Cómo crear un hogar saludable y libre de los agentes
causantes de las alergias

PETER HOWARTH Y ANITA REID

integral

A mi marido, Nevile, y a mis padres, Annie y Lawrence
Anita Reid

A Susan, Sally y Joanna
Peter Howarth

La casa antialérgica

Publicado por primera vez en 2000 con el título
Allergy-Free Living por Mitchell Beazley, un sello editorial
de Octopus Publishing Group Limited

Autores: **Peter Howarth y Anita Reid**
Directora ejecutiva: **Judith More**
Directora artística: **Janis Utton**
Directoras del proyecto: **Julia North, Selina Mumford**
Editor: **Jonathan Hilton**
Diseño: **Lovelock & Co.**
Documentación fotográfica: **Helen Stallion**
Directoras de producción: **Rachel Staveley, Nancy Roberts**

Traducción: **M. J. Díez y D. Friera / Torreclavero**
Composición: **Torreclavero**
Supervisión científica: **doctor Carlos Martín Marcos**

ISBN: 84-7901-606-X
Ref.: GO-41

Índice de materias

Introducción

Cada vez somos más conscientes de la existencia de las alergias y del problema que éstas representan en nuestra vida diaria. Esto es debido, por una parte, a la publicidad que atraen los casos trágicos por reacciones graves, como por ejemplo la alergia a los cacahuetes, que puede dar lugar a anafilaxia. También, por la creciente cobertura que los medios de comunicación dan a enfermedades mucho más comunes asociadas a las alergias, como el asma, la fiebre del heno y el eccema. Este incremento del interés público y de la conciencia social es consecuencia del considerable aumento que ha experimentado a lo largo de los últimos cuarenta o cincuenta años la cifra de individuos que padecen problemas alérgicos, aumento aún más acusado en los países ricos del planeta, donde las enfermedades alérgicas son las afecciones crónicas más habituales. Un reciente estudio internacional revela que aproximadamente uno de cada tres chicos de entre trece y catorce años que viven en el Reino Unido presenta síntomas relacionados con el asma, mientras que en Estados Unidos uno de cada cuatro sujetos de ese mismo grupo de población sufre una dolencia similar. Por lo tanto, combatir las alergias se ha convertido en uno de los principales desafíos a los que se enfrentan los países desarrollados en materia de salud.

Los motivos de este incremento del número de personas alérgicas han sido objeto de exhaustivas investigaciones, con especial atención en la calidad del aire que respiramos en los espacios abiertos, sobre todo porque las carreteras se encuentran cada vez más congestionadas de tráfico, con el consiguiente cóctel de sustancias contaminantes procedentes de los tubos de escape. Si bien aún reina alguna incertidumbre sobre la posible contribución de las partículas que componen los gases de los motores diesel, los estudios han sacado a la luz que las fuentes de la contaminación atmosférica externas no pueden justificar por sí solas el creciente número de alergias, por lo que resulta necesario investigar otras causas. Un minucioso examen de individuos que padecen de asma, eccema y rinitis ha puesto de manifiesto una considerable tendencia a la alergia entre estos grupos de personas, tendencia ligada fundamentalmente a los alergenos que suelen encontrarse en el entorno doméstico, como por ejemplo los relacionados con los ácaros del polvo, las cucarachas, las mascotas y, en menor medida, el moho. La exposición a estos alergenos provoca inflamaciones y puede explicar las causas de la persistencia de estas enfermedades. Por consiguiente, hoy en día la atención de los investigadores se centra mucho más en el ámbito doméstico y en aquellos factores que influyen en la presencia y nivel de los alergenos interiores, así como en la presencia en los edificios de contaminantes que, por sus efectos irritantes, agravan los síntomas de las alergias. Este enfoque es aún más evidente si uno cae en la cuenta de que, en la actualidad, mucha gente pasa entre el 75% y el 90% de su tiempo en espacios cerrados, casi siempre en sus casas.

Acerca del libro

¿Padece usted o alguien de su familia una alergia y desea saber algo más sobre el tema? Consulte la primera sección de este libro, que define los términos utilizados habitualmente y explica qué es una alergia y cómo desemboca en los distintos problemas que experimentan los afectados. Aquí se explican las afecciones alérgicas más comunes y se analizan en relación con la exposición a los aeroalergenos, alergenos por ingestión o alergenos por inoculación que provocan estas afecciones; se estudian estos alergenos en detalle y se suministra información sobre los ambientes y las condiciones que favorecen su proliferación. También se ofrecen datos acerca de los alergenos más comunes que se encuentran en el exterior, como el polen de los árboles, de las gramíneas o de las plantas, que contribuyen a la aparición de la rinitis, la conjuntivitis y el asma estacionales. Además, se exponen los orígenes de los agentes contaminantes interiores y sus efectos en los individuos alérgicos, y se analizan las diferencias entre los efectos de estos contaminantes y los de los exteriores. Asimismo, en esta sección se discuten las distintas propuestas de diagnóstico y tratamiento de las enfermedades alérgicas, lo cual le ayudará a comprender por qué su médico ha adoptado un determinado enfoque respecto a su tratamiento, como la prevención de los alergenos, las inyecciones desensibilizadoras o los tratamientos a base de fármacos. Dadas las características del libro, en este aspecto no se ofrece una visión global, pero sí se presta atención a la prevención de los alergenos, sobre la que trata la mayor parte del libro.

Así pues, ¿cómo puedo evitar los alergenos? La primera sección del libro proporciona la información previa y los antecedentes necesarios para comprender las siguientes secciones, que ofrecen gran cantidad de información práctica acerca del ámbito doméstico y los pasos que se pueden seguir para mejorarlo desde la perspectiva de quienes padecen alergias.

La segunda sección analiza los siguientes aspectos del hogar: calefacción, iluminación, cocina, ventilación, mobiliario, recubrimiento del piso y limpieza. Cada uno de los apartados examina en detalle los diferentes métodos o productos disponibles y pone de manifiesto las ventajas e inconvenientes de utilizar uno u otro, tanto en lo relativo a su influencia en los alergenos interiores como en su potencial como fuente de gases o sustancias químicas irritantes. El objetivo de esta información es ayudarle a tomar decisiones a la hora de seleccionar los electrodomésticos y el mobiliario de su hogar.

La tercera parte del libro, «La habitación ideal», hace un recorrido por todas las habitaciones de una casa y expone los cambios concretos que pueden llevarse a cabo con el fin de reducir su exposición a los alergenos dentro de cada habitación. La guía de puntos críticos de esa habitación, muy fácil de usar, pone de manifiesto las áreas problemáticas y establece prioridades entre los cambios que pueden realizarse. Debe sopesarse cualquier alteración que empeore la comodidad de la casa, ya que puede que no todos los arreglos resulten aceptables, y ni siquiera necesarios, para todos los individuos. Se ha ampliado esta parte del libro con el objeto de incluir un estudio sobre la que sería una reforma ideal, dado que, en los últimos tiempos, es cada vez más frecuente reformar el desván o el sótano para crear nuevas zonas habitables cuando se hace necesario disponer de espacio adicional, en lugar de mudarse de casa.

Por lo tanto, consultando el índice o haciendo uso de las referencias cruzadas que aparecen en el texto debería resultar sencillo encontrar información acerca de la habitación concreta que desea modificar o hallar datos sobre determinados aspectos de su entorno doméstico.

La última sección del libro ofrece una descripción de las iniciativas emprendidas en todo el mundo con el objeto de crear un hogar con el menor número de alergenos posible para las personas alérgicas, incluyendo la de la Asociación Norteamericana de Neumología. También analiza distintos casos prácticos de personas que han logrado construir hogares con escasos alergenos y detalla los efectos que estos hogares han tenido en sus vidas y en sus alergias.

Entre las primeras iniciativas de construcción de una casa con pocos alergenos se encuentra el Proyecto de un Edificio Saludable, en Dinamarca, y la Casa sin Alergenos de la Campaña Nacional contra el Asma, en el Reino Unido. Esta iniciativa fue la consecuencia lógica del Jardín sin Alergenos de la Campaña Nacional contra el Asma, un proyecto promovido por Selina Thistleton-Smith y su hermana, la paisajista Lucy Huntington, que constituyó la base del libro *La creación de un jardín sin alergenos*. Selina y el difunto John Donaldson, que falleció a causa del asma, fueron los principales impulsores de la iniciativa de la Campaña Nacional contra el Asma, la cual incluía a otras personas, como el doctor Peter Howarth, uno de los autores de este libro y asesor médico de aquel proyecto. La casa atrajo una enorme publicidad durante la exposición, y muchos de los aspectos tenidos en cuenta a la hora de planificar su diseño se han incorporado al contenido de este libro. Desde el primer momento, en las conversaciones mantenidas con las personas que visitaron la casa se hizo evidente el deseo de mucha gente de asumir responsabilidades para tratar su enfermedad, de hacer algo para mejorar su vida, para no tener que depender de la medicación. Otro de los aspectos puestos de manifiesto en las charlas con los visitantes de la casa fue el deficiente asesoramiento de que disponen las personas que quieren evitar la presencia de alergenos en sus hogares.

Reuniendo toda la información en este libro esperamos proporcionar una guía completa y fácil de usar que describa lo que pueden hacer en la práctica quienes padecen alérgias y desean modificar su entorno doméstico para mejorar su calidad de vida y aliviar todas sus molestias.

La ilustración presenta algunas de las fuentes más comunes de alergenos y agentes irritantes que se pueden encontrar en el hogar.

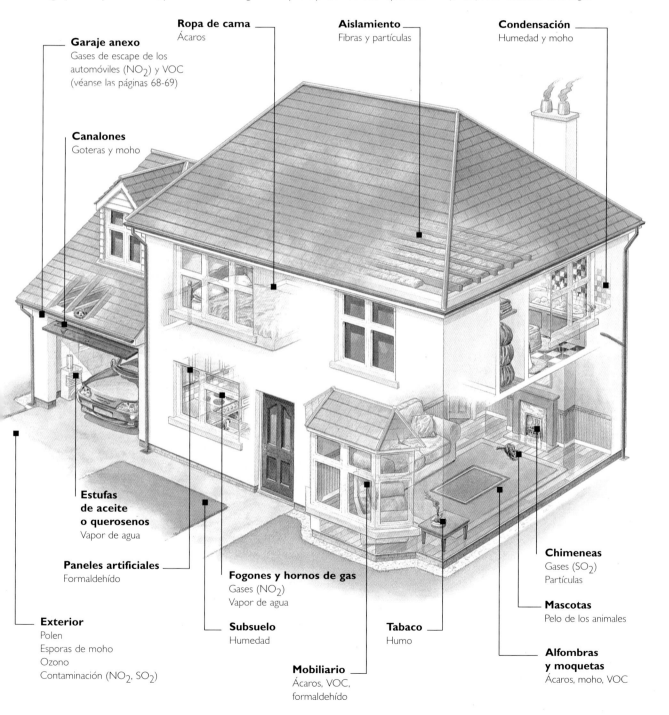

Ropa de cama
Ácaros

Aislamiento
Fibras y partículas

Condensación
Humedad y moho

Garaje anexo
Gases de escape de los automóviles (NO$_2$) y VOC
(véanse las páginas 68-69)

Canalones
Goteras y moho

Estufas de aceite o querosenos
Vapor de agua

Paneles artificiales
Formaldehído

Fogones y hornos de gas
Gases (NO$_2$)
Vapor de agua

Chimeneas
Gases (SO$_2$)
Partículas

Mascotas
Pelo de los animales

Exterior
Polen
Esporas de moho
Ozono
Contaminación (NO$_2$, SO$_2$)

Subsuelo
Humedad

Tabaco
Humo

Alfombras y moquetas
Ácaros, moho, VOC

Mobiliario
Ácaros, VOC, formaldehído

Cómo comprender su alergia

¿Qué es una alergia?

Cada persona que lea este libro tendrá su propia idea de lo que es una alergia. En general, una alergia es una reacción adversa. A menudo se oye decir a la gente: «Tengo alergia a los gatos», o «Tengo alergia a estos o a aquellos alimentos», o incluso «Tengo alergia a los lunes por la mañana». Es decir, que el contacto con aquello que les preocupa les provoca algún tipo de sensación o reacción desagradable.

Cuando a principios del siglo XX el médico austríaco Clemens Freiherr von Pirquet acuñó el término *alergia,* lo hizo para expresar un cambio —bueno o malo— en el modo que tiene el cuerpo de reaccionar. Una reacción positiva proporcionaba inmunidad, mientras que una negativa producía hipersensibilidad (véase el cuadro de al lado). A lo largo de los años, el término alergia se ha ido asociando únicamente a reacciones de hipersensibilidad inmunitaria, mientras que el término inmunidad va unido a respuestas inmunitarias beneficiosas del cuerpo.

¿Por qué aparecen las reacciones alérgicas?

Una respuesta inmunitaria adversa es en realidad la tentativa del cuerpo de matar o expulsar una proteína extraña que lo ha invadido. Por tanto, desde el punto de vista del cuerpo, una reacción alérgica es un mecanismo de protección. Si bien las reacciones inmunitarias se pueden dar en respuesta a virus o bacterias —y, en ocasiones, de manera inadecuada, a las propias proteínas del cuerpo—, las reacciones alérgicas normalmente se producen en respuesta a sustancias externas no infecciosas. Cuando estas reacciones protectoras van dirigidas contra proteínas básicamente inofensivas es la reacción alérgica en sí misma, más que el agente externo al que van destinadas, la que se convierte en el foco del problema. La mayor parte de las alergias que hoy preocupan a la gente pertenecen a esta categoría.

¿Qué partes del cuerpo se ven afectadas?

Las reacciones alérgicas tienden a producirse en aquellas partes del cuerpo en las que se activa el sistema inmunitario. Por ejemplo, las proteínas en suspensión que se inhalan provocan reacciones en la nariz y en las vías respiratorias (véanse las ilustraciones inferiores). Si estas proteínas en suspensión se depositan en la superficie del ojo también pueden darse síntomas en esta parte. Las proteínas que se ingieren, o bien provocan un trastorno gastrointestinal o, si han sido absorbidas por la sangre, pueden provocar diversos síntomas en la piel, articulaciones, sistemas cardiovascular y nervioso central, nariz y pulmones.

Se pueden registrar respuestas similares con proteínas extrañas que se inyectan en el cuerpo, como las picaduras de abejas o avispas. Si bien la piel es una zona de contacto evidente, la función de barrera que ésta ejerce protege al sistema inmunitario, salvo que resulte dañada por la proteína o que ésta contenga enzimas que le permitan penetrar en la piel. Aunque es fácil suponer que una reacción

ATAQUE A LAS VÍAS RESPIRATORIAS

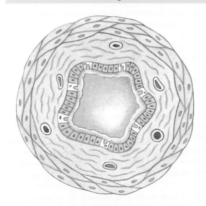

En una vía respiratoria normal, como la que aparece representada en este corte transversal, el aire fluye con facilidad por los bronquios mientras se respira. La capa más externa del músculo se encuentra relajada y no presenta tumefacción del revestimiento interno del bronquio.

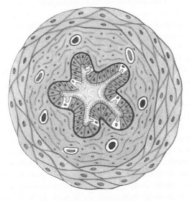

La vía respiratoria de un asmático presenta un aspecto muy diferente. Resulta evidente que el bronquio ha sufrido un estrechamiento, lo cual hace que respirar resulte más dificultoso. El músculo que rodea la parte externa es más grueso, y el revestimiento de la vía respiratoria aparece tumefacto debido a una inflamación. También se secregan mayores cantidades de mucosidad a la vía respiratoria, lo cual contribuye al bloqueo de las mismas. La alergia es la responsable de todos estos cambios.

Una alergia que provoque rinitis (o inflamación nasal) dará lugar a ataques frecuentes de estornudos, moqueo y nariz taponada.

alérgica de la piel constituye algún tipo de alergia por contacto, podría tratarse de una respuesta a alguna proteína extraña que se haya introducido en el sistema circulatorio tras haber sido ingerida, o tal vez absorbida por las membranas mucosas de los ojos, nariz o pulmones.

El sistema inmunitario reacciona a la presencia de una proteína extraña generando una zona inflamada (*véase el cuadro inferior*), algo que sucede cuando se activan determinadas células inmunitarias especiales dentro del tejido afectado. Éstas segregan las sustancias químicas causantes de los síntomas que usted experimenta. La inflamación a menudo se designa mediante el sufijo *-itis*, que se añade al nombre del órgano afectado, por ejemplo *dermatitis*, *sinusitis* o *conjuntivitis*.

¿Qué es una inflamación?

Las respuestas inmunitarias del cuerpo han sido creadas para protegerlo, ya sea matando o expulsando al portador de cualquier proteína extraña que se considere está atacando el organismo. En el caso de una infección, esta respuesta protectora mata las bacterias, cesando así la respuesta. La respuesta local que participa en este proceso provoca tumefacción, rojez, dolores y un incremento del flujo sanguíneo, razón por la cual la parte hinchada del cuerpo presenta una

mayor temperatura. A este proceso, que lleva implícita la participación de glóbulos blancos de la sangre (conocidos como leucocitos neutrófilos) del sistema circulatorio, se le denomina *inflamación*.

En el caso de las reacciones alérgicas se produce una inflamación similar, pero menor. No obstante, dado que las proteínas o alergenos a los que se halla sensibilizado son inertes (no están vivos, como en el caso de las bacterias), este tipo de inflamación es persistente, y por eso ocasiona los síntomas que usted experimenta.

Al contrario de lo que ocurre con las respuestas inmunitarias de su cuerpo cuando combate las bacterias, en las cuales se hace necesaria la presencia del leucocito neutrófilo para luchar contra la infección, en una respuesta alérgica participa otro tipo de glóbulo blanco: los leucocitos eosinófilos. El hecho de que se vea involucrado otro tipo de glóbulo blanco se debe a que la respuesta inmunitaria a los alergenos es diferente a la de la infección.

TÉRMINOS HABITUALES

Hablar sobre alergias implica la utilización de términos tal vez poco familiares. La siguiente información le servirá de ayuda (*véase también el glosario de las páginas 132-136*):

Alergeno: sustancia en sí misma inocua que induce una respuesta inmunitaria de tipo alérgico en determinados individuos.

Alergia: estado en el cual un alergeno induce una respuesta inmunitaria en el cuerpo asociada a un incremento de la producción de inmunoglobulina E (IgE), que provoca síntomas y enfermedades como el asma o la fiebre del heno.

Atopia: una respuesta positiva a las pruebas efectuadas para detectar un

exceso de producción de IgE es un indicativo de atopia. Tiende a darse en familias, pero no siempre va asociada a síntomas de afecciones alérgicas. Si se evitan los alergenos se puede pasar de padecer una alergia a carecer de sus síntomas.

Hipersensibilidad alérgica: respuesta adversa del sistema inmunitario cuando genera un exceso de IgE. Normalmente se conserva dentro de la memoria inmunitaria y, ante una exposición reiterada, la reacción al alergeno puede llegar a ser más grave. Es una forma adversa de inmunidad que se previene evitando los alergenos.

Inmunidad: describe la activación del sistema inmunitario para generar anticuerpos protectores contra

proteínas extrañas y la conservación de esta información en la memoria inmunitaria, para que la siguiente vez el cuerpo responda con rapidez. La inmunidad se puede adquirir de forma natural, por una infección, o se puede inducir mediante vacunas. Estos anticuerpos (inmunoglobulinas) son distintos a los de una alergia.

Inmunoglobulina E (IgE): anticuerpo asociado a una respuesta inmunitaria alérgica. Suele hallarse presente en el cuerpo en cantidades diminutas, pero las personas que presentan una predisposición genética a una producción excesiva de IgE generan demasiados anticuerpos de este tipo si se exponen a los alergenos. A tales personas se las denomina *atópicas*.

ALERGIAS POR AEROALERGENOS

Las partículas inductoras de una alergia presentes en el aire suelen afectar a la nariz, los pulmones y los ojos. Una de nuestras primeras líneas defensivas contra estos agentes es, de hecho, la nariz, que constituye un importante filtro, impidiendo que muchas de las partículas que se respiran lleguen a sus pulmones. El efecto filtrante de la nariz se debe a un latigazo coordinado de pelitos invisibles, llamados *cilios*, que atrapan las partículas aisladas que se hallan en la corriente de aire a medida que pasan a través de ellos. Sin embargo, no se eliminan todas las partículas, sino que algunas llegan a las vías respiratorias inferiores y causan problemas en muchas personas. A menudo, las reacciones de las diferentes zonas del cuerpo van unidas; así, el asma, una reacción alérgica en los pulmones, con frecuencia coexiste con los problemas nasales alérgicos (rinitis), al igual que ocurre con la rinitis y la afección ocular alérgica (conjuntivitis). Alrededor de un 70% de los pacientes que padecen de asma también sufren de rinitis, y de un 30% a un 40% de los que padecen de rinitis también se ven afectados por el asma.

El asma

Es una enfermedad muy común que surge por una inflamación de las vías respiratorias. Un reciente estudio reveló que aproximadamente el 35% de todos los individuos de entre 13 y 14 años del Reino Unido presenta síntomas relacionados con el asma, mientras que en Estados Unidos la cifra se sitúa en torno al 22,5%. Estos síntomas, de naturaleza variable, guardan relación con un estrechamiento de las vías respiratorias y son, entre otros:

- Dificultades respiratorias
- Sensación de opresión en el pecho
- Respiración sibilante
- Tos

Suele empezar en la infancia, pero puede hacerlo a cualquier edad. La mayoría de los niños que padecen de asma

El conducto del aire desde la nariz

Respirar por la nariz protege las vías respiratorias inferiores, pues las partículas que se hallan en el aire, como los alergenos, se depositan en el revestimiento de la nariz. Luego el aire inhalado da un giro de 180° para entrar en la tráquea. Siempre que la nariz se encuentra obstruida por problemas alérgicos, como la fiebre del heno, respiramos por la boca, y por ello, la función protectora se pierde.

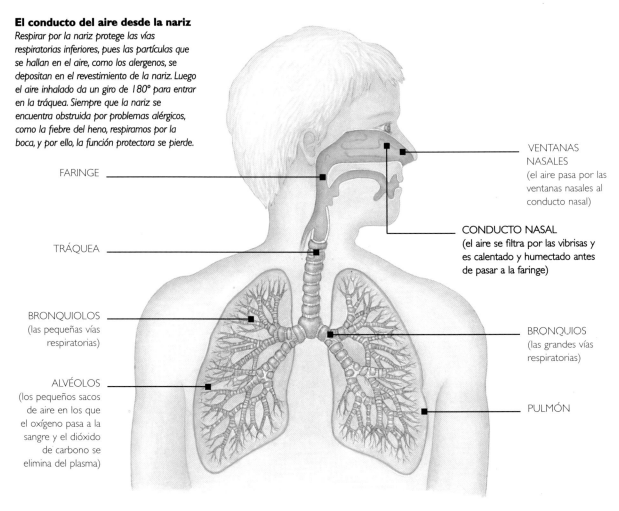

FARINGE

TRÁQUEA

BRONQUIOLOS
(las pequeñas vías respiratorias)

ALVÉOLOS
(los pequeños sacos de aire en los que el oxígeno pasa a la sangre y el dióxido de carbono se elimina del plasma)

VENTANAS NASALES
(el aire pasa por las ventanas nasales al conducto nasal)

CONDUCTO NASAL
(el aire se filtra por las vibrisas y es calentado y humectado antes de pasar a la faringe)

BRONQUIOS
(las grandes vías respiratorias)

PULMÓN

(alrededor de un 80%) y más de la mitad de los adultos que sufren esta afección poseen ya una base alérgica, lo que implica que entrar en contacto con un determinado alergeno empeora sus síntomas. Puede que esta exposición sólo ocurra de forma periódica, como cuando se toca un gato, o continua, como sucede con los alergenos que residen en su hogar. Algunos alergenos habituales del hogar son los que están relacionados con los ácaros del polvo (*véanse las páginas 36-37*), las cucarachas (*véanse las páginas 38-39*) y las mascotas (*véanse las páginas 40-41*).

La exposición continua a los alergenos del hogar produce una inflamación en las vías respiratorias, convirtiéndolas en hipersensibles a ciertos estímulos del entorno, denominados *factores desencadenantes*. Son, entre otros, el aire frío, el ejercicio, los olores fuertes (como el perfume), el humo del tabaco, los pulverizadores de aerosol (como la laca para el cabello o los limpiamuebles) y los gases irritantes (como los gases de escape de los coches). Las reacciones a estos tipos de factores no constituyen una alergia, ya que se trata de sustancias irritantes y en la reacción de irritación no participa el sistema inmunitario. Si puede evitar los alergenos, reducirá la inflamación y disminuirá también su respuesta ante cualquier factor desencadenante con el que se encuentre.

La fiebre del heno

Este término describe la respuesta alérgica estacional al polen (*véanse las páginas 28-31*) por lo general a las gramíneas, pero también a algún tipo de polen de maleza y árboles. Aunque la

La alergia a las mascotas, en particular a los alergenos derivados del gato doméstico, es una importante causa de afecciones como el asma, la rinitis y la conjuntivitis.

expresión *fiebre del heno* es fácil de entender, se trata de una denominación inapropiada, pues ni se debe al heno ni provoca fiebre.

Las respuestas alérgicas al polen suelen darse en la nariz (rinitis), en los ojos (conjuntivitis) y, con menor frecuencia, en las vías respiratorias inferiores (asma). La tendencia a desarrollar asma depende del nivel de recuento polínico y del tamaño del polen. Los tipos de polen de menor tamaño, como el del abedul (*Betula*), causan más asma, ya que llegan más granos de polen a las vías respiratorias inferiores que en el caso de pólenes de mayor tamaño, como los de las gramíneas. Por lo general, la inflamación asociada de nariz y ojos produce, entre otros, los siguientes síntomas:
- Picor nasal
- Estornudos frecuentes
- Moqueo o nariz taponada
- Picor, lagrimeo y enrojecimiento de los ojos

Como el polen es estacional, los síntomas sólo se encuentran presentes en períodos concretos del año. Quienes padecen de fiebre del heno también pueden sentir picor en la garganta, en el paladar y dentro de los oídos y, en ocasiones, incluso una erupción cutánea al entrar en contacto con determinadas plantas, como las gramíneas.

El porcentaje de adolescentes que presenta síntomas de este tipo de alergia está entre un 25% y un 30%, y va en aumento. Dado que la fiebre del heno puede afectar seriamente al patrón de sueño, la capacidad de concentración y la eficacia en el trabajo, podría repercutir negativamente en los resultados de los exámenes y en el rendimiento durante las diferentes actividades deportivas al aire libre.

La utilización de protecciones para los ojos mientras se corta el césped ayuda a prevenir el desarrollo de molestos síntomas oculares en personas que padecen de fiebre del heno.

por la reacción alérgica podría ir asociada a otros síntomas, como dolor de cabeza, pérdida de olfato y deterioro del sentido del gusto. La rinitis perenne suele ir unida al asma. Una nariz taponada puede provocar que se respire continuamente por la boca, lo cual origina trastornos del sueño y empeora el asma. Si el sueño se ve perjudicado, también puede que disminuya el rendimiento diario.

La conjuntivitis

La conjuntivitis alérgica se da cuando los aeroalergenos se depositan en el revestimiento del ojo, provocando una reacción inmunitaria. Observará una inflamación en el interior de los párpados provocada por la segregación local de sustancias químicas que actúan en los nervios y en los vasos sanguíneos, dando lugar a los siguientes síntomas:

- Picor en los ojos
- Lagrimeo
- Enrojecimiento de los ojos
- Tumefacción de los párpados

La alergia más habitual asociada a los ojos es la conjuntivitis alérgica estacional, que viene dada por una reacción alérgica al polen de árboles, gramíneas o maleza. Suele darse principalmente en niños y adultos jóvenes y, por lo general, va unida a una rinitis. La época depende del tipo de sensibilización y del momento de la polinización (*véanse las páginas 28-29*).

La conjuntivitis alérgica perenne es similar a la afección estacional, pero se sufre durante todo el año. Esta afección tiende a ser menos grave que su equivalente estacional, y se suele experimentar en los primeros y últimos años de la adolescencia. Alrededor de un 80% de quienes la padecen es alérgico a los aler-

La rinitis

Las personas que padecen de rinitis alérgica pueden experimentar molestias durante todo el año (perenne) o sólo durante determinadas épocas del año (estacional), con estos síntomas:

- Picor nasal
- Estornudos continuos
- Moqueo o goteo nasal
- Congestión nasal

La rinitis perenne suele ir unida a una exposición a los alergenos del hogar, como los de los ácaros del polvo, animales domésticos (*véanse las páginas 40-41*) o cucarachas (*páginas 38-39*). Sus síntomas con frecuencia se confunden con «un resfriado continuo».

En el caso de una rinitis alérgica grave, la tumefacción del revestimiento de la nariz debida a la inflamación producida genos del polvo doméstico, y un 33% aproximadamente padecerá de rinitis. Por consiguiente, los alergenos del hogar constituyen la principal causa de la conjuntivitis alérgica perenne.

Ni la conjuntivitis estacional ni la perenne suponen una amenaza para la vista, de modo que el tratamiento se suele centrar en el alivio de los síntomas. Sin embargo, existe una forma de conjuntivitis alérgica que sí puede constituir un peligro para la vista: la queratoconjuntivitis vernal. Se trata de una afección extremadamente rara que representa tan sólo un 0,1%-0,5% de todas las afecciones oculares. Suele afectar sobre todo a varones (en el 85% de los casos) con edades comprendidas entre los 3 y los 25 años que viven en países cálidos y secos. Otros síntomas adicionales de esta enfermedad son:

● Fotofobia, una reacción dolorosa del ojo ante la luz
● Espasmos en los párpados
● Visión borrosa
● Secreciones viscosas de los ojos

La alveolitis alérgica

Las diminutas partículas de proteína presentes en el aire, de un tamaño aproximado de una décima parte de la cabeza de un alfiler, se desplazan por las vías respiratorias y entran en los pulmones hasta llegar a los alvéolos, donde el oxígeno procedente del aire inhalado es absorbido por el torrente sanguíneo (*véase la página 14*). Una reacción alérgica en este lugar, conocida como alveolitis alérgica, interfiere con la capacidad del cuerpo para absorber oxígeno, de modo que desciende el nivel del oxígeno en la sangre. Si hay menos oxígeno disponible para los músculos, los afectados se sienten

sin aliento, fatigados y tosen. Con este tipo de respuesta inmunitaria la persona afectada experimentará los siguientes síntomas:

● Sensación de malestar general
● Fiebre
● Dolor de cabeza
● Dolores musculares

Los síntomas sólo se experimentan horas después de la exposición y pueden durar varios días, pero si la exposición es reiterada la enfermedad se vuelve crónica y ocasiona una lesión pulmonar permanente.

A los alergenos que producen alveolitis alérgica se les ha relacionado con las aves (periquitos y palomas) y con diversas esporas presentes en el heno mohoso, paja y composte. Se trata de un estado infrecuente en comparación con otras afecciones alérgicas provocadas por la inhalación de partículas y esporas proteicas, pero resulta importante ser consciente de su existencia, dada la posible lesión pulmonar que puede originar.

La mezcla de sustancias químicas y partículas en la contaminación del tráfico rodado (véanse las páginas 32-33) es un factor que puede empeorar los síntomas de la fiebre del heno.

ALERGIAS POR CONTACTO

Si su piel reacciona ante el contacto directo con algo, podría tratarse de una respuesta alérgica (del sistema inmunitario) o de una respuesta no alérgica (por una sustancia irritante). Estas afecciones a menudo coexisten. Así por ejemplo, una agresión cutánea provocada por un alergeno incrementa la probabilidad de que su cuerpo responda ante una sustancia irritante. Las afecciones más habituales son el eccema y la urticaria. Al eccema también se le denomina *dermatitis* (inflamación de la piel). Se habla de dos tipos de alergia diferentes: *dermatitis por contacto alérgica,* cuando en él toma parte un alergeno y *dermatitis atópica,* (*véase la página 21*).

La dermatitis por contacto alérgica

El desarrollo de esta enfermedad viene dado por una exposición reiterada a un alergeno, lo cual a su vez conduce a una sensibilización. Dado que la piel constituye una eficaz barrera frente a las proteínas que penetran en el cuerpo, el origen de la mayor parte de los casos de dermatitis por contacto alérgica hay que buscarlo en las sustancias químicas o metales que entran en la piel y se unen a las proteínas propias del cuerpo, induciéndose así una respuesta inmunitaria. Los síntomas tardan en aparecer y por lo general alcanzan su punto máximo aproximadamente entre las 24 y 48 horas posteriores a la exposición, de modo que ésta no puede considerarse una reacción alérgica aguda. Por otro lado, aunque al contacto con sustancias químicas y metales puede aparecer una dermatitis por contacto alérgica, la mayoría de estas sustancias únicamente se halla en un determinado entorno laboral. El contacto con los alergenos del hogar suele afectar a las manos, el rostro y el cuello. Los síntomas son:

- Enrojecimiento de la piel
- Tumefacción
- Picor intenso
- Pequeñas protuberancias que a veces se ampollan y supuran
- Agrietamiento, escamas y engrosamiento de la piel tras una exposición reiterada

Las causas de esta dermatitis pueden ser muchas. De entre ellas pueden destacarse los metales y las sustancias químicas que se hallan en estos productos y plantas:

- Cosméticos y cremas faciales
- Perfumes
- Champús
- Lacas de uñas
- Tintes para el cabello, permanentes y fijadores
- Joyas que contengan níquel
- Botones y correas de relojes
- Hiedra venenosa y roble venenoso

Puede que se dé cuenta de su sensibilidad al níquel si, por ejemplo, lleva pendientes que contengan este metal. También se pueden producir reacciones ante determinadas sustancias químicas contenidas en algunos tintes para la ropa, o ante el cuero de los zapatos.

Las sustancias químicas de muchas cremas faciales y otros productos cosméticos pueden constituir una importante causa de erupciones e irritaciones cutáneas.

Los síntomas de una dermatitis irritativa se suelen experimentar en las manos por contacto con:

- Jabones
- Detergentes biológicos
- Disolventes
- Aceite
- Álcalis como, por ejemplo la lejía

Si bien puede resultar complicado diferenciar entre las reacciones de una dermatitis alérgica y una irritativa, el principio para su control sigue siendo el mismo: en primer lugar, reconocer el problema y determinar su origen, y en segundo lugar, evitar el agente agresor.

Entre las fuentes de origen vegetal de sustancias químicas que podrían producir dermatitis por contacto alérgica se encuentran las primulas. Su primulina (*véase la ilustración de la derecha*), especialmente la de la *Primula obconica* y, en menor medida, la de la *Primula malacoides*, posee un fuerte potencial sensibilizador y produce síntomas en las manos y los brazos y, en realidad, allí donde toque la piel.

Otras tres plantas del género *Toxicodendron*, la hiedra venenosa, el roble venenoso y el zumaque venenoso, contienen un potente sensibilizador, urushiol, en su resina. Si es sensible a la hiedra, al roble o al zumaque venenosos también podría serlo a otras plantas de la misma familia (*Anacardiaceae*), como a los anacardos, el mango, el ginkgo y el zumaque japonés.

La urticaria por contacto

En este caso, se experimentará en primer lugar un enrojecimiento y picor en la piel, seguido de una hinchazón en la zona (habón o roncha) que inicialmente es roja, pero que posteriormente puede palidecer. En ocasiones, además de urticaria, (así llamada porque la reacción se asemeja a la picadura de una ortiga) esta afección se denomina erupción cutánea. Aunque por lo general las reacciones

son leves y remiten a las pocas horas de haber mantenido el contacto, los síntomas pueden ser muy leves (sólo un ligero picor y escozor) o graves (con erupciones extensas que producen prurito por todo el cuerpo).

La mayoría de las reacciones por urticaria es de tipo no alérgico, y se debe a sustancias químicas como los conservantes (ácido benzoico, ácido sórbico, ácido cinámico), fragancias, medicamentos de uso tópico y productos de origen animal y vegetal (como las ortigas y algas marinas). La urticaria por contacto alérgica (inmunitaria) sólo aparece si se coloca

Si bien constituyen un elemento que da color en el jardín o en la casa por sus atractivas flores, las primaveras pueden causar erupciones cutáneas alérgicas al tocarlas.

una proteína a la que se encuentre sensibilizado sobre un rasguño o corte en la piel. Entonces pueden surgir reacciones asociadas con las alergias a alimentos como los huevos, leche, frutos secos, mariscos, frutas y verduras. También se dan reacciones alérgicas a los conservantes, fragancias y productos de origen vegetal; la más grave es la del látex, que puede provocar respuestas alérgicas muy serias y de gran amplitud (*véase la página 23*).

ALERGIAS POR INGESTIÓN DE ALIMENTOS

La reacción adversa a ciertos tipos de alimentos puede ser una respuesta anormal del sistema inmunitario ante una determinada proteína alimentaria (caso de las verdaderas alergias alimentarias) o simplemente una reacción química en la que no participa el sistema inmunitario (caso de intolerancia alimentaria).

La alergia alimentaria

La alergia alimentaria puede dar lugar a síntomas locales en la zona del estómago y el intestino o bien a reacciones más generalizadas. El contacto con un alimento al que se es alérgico suele provocar un hormigueo en los labios y la lengua, seguido de tumefacción de los labios (síndrome de alergia oral). También pueden aparecer calambres en el estómago, hinchazón y diarrea. En casos más graves pueden presentarse los siguientes síntomas:

- Tumefacción de lengua y garganta
- Enrojecimiento e hinchazón faciales (angioedema)

- Dificultad para hablar y respirar
- Descenso de la tensión arterial, con aturdimiento e inestabilidad (anafilaxia)

Las alergias alimentarias también pueden causar determinadas respuestas que, aparentemente, no guarden relación alguna con ellas. Por ejemplo, rinitis (estornudos, moqueo y congestión nasal), asma (dificultad para respirar, opresión en el pecho y respiración sibilante), urticaria (erupciones cutáneas pruriginosas), eccema exacerbado (ronchas pruriginosas) o artralgia (dolores articulares).

La intolerancia alimentaria

La intolerancia alimentaria no alérgica puede deberse a las propiedades químicas del alimento o a una reacción tóxica. Algunos pescados como la caballa y el atún poseen altos niveles de histamina cuando comienzan a pudrirse, lo que puede provocar una intoxicación escombroide, con enrojecimiento, descenso de la tensión arterial y erupciones cu-

táneas. Por otro lado, la tiramina presente en el vino tinto y en el queso puede producir dolores de cabeza. Éstos, junto con el rubor y los síntomas gastrointestinales, también pueden estar relacionados con la ingestión de glutamato monosódico (MSG). La leche, por su parte, puede ocasionar dolores abdominales y diarrea en los niños, consecuencia de una carencia de la enzima lactasa en el intestino del niño, necesaria para la digestión de la lactosa. Esta carencia puede sobrevenir tras un ataque de gastroenteritis infecciosa.

Los aditivos y los colorantes alimentarios pueden provocar erupciones cutáneas y hacer que empeoren considerablemente los síntomas del asma y la rinitis. Estas reacciones pueden estar causadas por benzoatos, salicilatos, sulfitos y tartrazina. Los conservantes pueden estar presentes, por ejemplo, en las ensaladas, bebidas alcohólicas y refrescos gaseosos con sabor a fruta.

El síndrome de alergia oral

Este tipo de dolencia se manifiesta en personas sensibles al polen cuando consumen alimentos que contienen parte de una estructura proteínica idéntica a la del polen. Entonces su cuerpo los confunde y e inicia una reacción alérgica, generalmente leve, que se limita a los labios y a la parte anterior de la garganta, desapareciendo con relativa rapidez. Las personas sensibles a la ambrosía (*Ambrosia*) pueden presentar síntomas orales tras consumir melones y plátanos, mientras que quienes sean sensibles al polen del abedul (*Betula*) reaccionarán a las patatas crudas, las zanahorias, el apio, las manzanas, las avellanas y el kiwi.

LOS ALIMENTOS PROBLEMÁTICOS

Tan solo ocho alimentos son los responsables de alrededor del 90% de todas las reacciones alérgicas alimentarias: la leche, los huevos, el

trigo, los cacahuetes, la soja, los frutos secos de árbol, el pescado y el marisco. La leche es la causa más habitual de alergia entre los niños, y suele provocar eccema, mientras que los cacahuetes, los frutos secos de árbol, el pescado y el marisco son los que ocasionan las reacciones más graves. Una tercera parte de todas las urgencias médicas por anafilaxia (*véanse las páginas 22-23*) se deben a reacciones a los cacahuetes. Esta alergia suele manifestarse en etapas tempranas de la vida: el 55% de los casos se descubre antes de los tres años y el 17% antes del primer año.

El eccema atópico

También conocido como dermatitis atópica, es la forma más habitual de alergia entre los niños pequeños. Generalmente está ocasionado por una alergia alimentaria a los productos lácteos (leche) o a los huevos (por lo general, a la clara de huevo). Entre sus síntomas suelen incluirse:

- Rojeces con diminutas hinchazones (pápulas)
- Ampollas que supuran
- Piel escamosa

En los niños, el eccema suele afectar a todo el cuerpo. A medida que el bebé crece y comienza a dar sus primeros pasos, el patrón de distribución cambia y empieza a aparecer en el pliegue de los codos, en las corvas y en la parte interior de las muñecas. En los casos más graves puede afectar a cualquier parte del cuerpo y provocar una inflamación dolorosa de la piel. Los daños en la piel del niño hacen que sea más sensible a otros alergenos ambientales, como a los ácaros del polvo doméstico (*véanse las páginas 36-37*). Dos terceras partes de los niños se *curan* de su alergia alimentaria a los cuatro o cinco años, pero muestran una mayor tendencia a desarrollar asma y rinitis.

La enfermedad celíaca

Esta afección, más que una alergia, es consecuencia de una sensibilidad al gluten, una proteína que se encuentra en cereales como el trigo, la cebada, la avena y el centeno. En individuos sensibles, la ingestión de gluten produce estos síntomas:

- Molesta sensación de meteorismo
- Gases y diarrea
- Mala absorción de los alimentos

Los niños que padecen esta enfermedad no crecen tanto como los otros niños, mientras que en los adultos la mala absorción de los alimentos provoca una pérdida de peso. Dado que los alimentos que contienen gluten constituyen una parte importante de nuestra dieta diaria, es necesario una abstención para prevenir recaídas crónicas. Afortunadamente, basta con dejar de consumir gluten para que cesen por completo los síntomas.

DIVERSIÓN SIN RIESGOS

- Acudir a fiestas puede ser un problema para las personas con alergia alimentaria, ya que los ingredientes de los alimentos escapan a su control.
- Si usted da una fiesta y uno de sus invitados trae su comida, no se ofenda, puede que tenga uno de estos problemas.

- Ingerir alimentos con frutos secos puede suponer una amenaza para la vida de aquellos individuos sensibles a ellos, por lo que es preferible mantenerlos apartados del resto.
- Las personas alérgicas al polen pueden experimentar hormigueo y tumefacción de los labios al ingerir manzanas, melón, apio y cerezas.

- Algunos colorantes de los zumos de frutas o los conservantes del vino pueden afectar a algunos individuos con asma.
- El hecho de que muchos invitados fumen puede provocar problemas a aquellas personas con asma, rinitis y conjuntivitis, por el efecto del humo del tabaco.

LA ANAFILAXIA

Los síntomas de la anafilaxia pueden aparecer tras la ingestión de determinados alimentos, como consecuencia de la picadura de algunos insectos como la abeja o la avispa (*Vespula maculifrons*), o bien por contacto con alergenos (como la alergia al látex, *véase la página derecha*). El comienzo de la anafilaxia se caracteriza por una serie de síntomas:

- Presentimientos, miedo y aprensión
- Rubor facial, tumefacción de los labios, la boca, los ojos o la lengua
- Picores generalizados y erupciones cutáneas
- Opresión en la boca, el pecho o la garganta
- Dificultad para respirar o tragar, acompañada de babeo, respiración sibilante, sensación de ahogo y tos
- Moqueo
- Náuseas, vómitos, diarrea y dolor de estómago
- Aturdimiento, inestabilidad, fatiga súbita, taquicardia y escalofríos
- Palidez, pérdida de conocimiento, coma y muerte

Las reacciones alérgicas más graves se producen por alimentos como el pescado, los frutos secos de árbol, los crustáceos y los cacahuetes (*véanse las páginas 20-21*), así como por productos que contienen látex. Resulta relativamente sencillo evitar la mayor parte de ellos, pero no los cacahuetes (*Arachia hypogea*), que sorprendentemente se hallan presentes en gran cantidad de alimentos procesados. El cacahuete pertenece a la familia de las leguminosas (*Leguminosae*), al igual

Las picaduras de avispas (familia Vespidae) *o de abejas (familia* Apoidea) *pueden desencadenar una reacción grave, conocida con el nombre de* anafilaxia.

que las judías, las habas de soja, los guisantes y los altramuces.

La alergia a los cacahuetes

De todos los alimentos cotidianos, los cacahuetes son los más problemáticos. Las reacciones alérgicas a ellos son con frecuencia graves y agudas, y a veces incluso mortales. La alergia a los cacahuetes es la causa más habitual de alergia alimentaria y de anafilaxia. En algunos lugares del mundo se consume de media

CACAHUETES: ¿CUÁNTOS DEBO TOMAR?

El contenido proteico medio de un cacahuete es de 161 miligramos, pero 50 miligramos bastan para desencadenar una reacción en personas sensibles a ellos, si bien algunos individuos son mucho más sensibles. Dado que la alergia a los cacahuetes dura toda la vida, las personas alérgicas deberán extremar las precauciones en lo que respecta a los alimentos que consumen. Aunque los cacahuetes pertenecen a la misma familia que los guisantes y las judías, estas personas no suelen reaccionar de forma adversa ante las legumbres, pero sí ante los frutos secos de árbol.

por ciudadano y año unos 5 kilogramos de productos que contienen cacahuetes, (crema de cacahuete, golosinas, productos de pastelería...). En estas culturas, el 80% de los niños entran en contacto con estos productos antes de cumplir el primer año de vida, y el 100% antes de los dos años. Dado que los cacahuetes se encuentran en un gran número de alimentos procesados, puede presentarse una reacción alérgica la primera vez que el individuo entra en contacto con el fruto, lo cual indicaría que ya se ha producido una sensibilización previa, incluso sin que el propio individuo se haya percatado. Algunas leches de lactancia solían contener productos a base de cacahuetes, y los alergenos del cacahuete se secretan también a la leche materna. En los niños, la sensibilización se puede producir incluso como resultado del consumo durante el embarazo por parte de la madre de productos que contengan cacahuetes.

Los cacahuetes y otros frutos secos pueden estar presentes en cualquier tipo de alimento: en los cereales del desayuno, en los preparados de frutas desecadas y frutos secos, en diferentes salsas, en la comida oriental, en los pasteles, en las golosinas, en los helados, en los postres y en los condimentos. Suprimir de los alimentos los rastros visibles de los frutos secos no implica eliminar todos los restos de la proteína responsable.

Además, es posible que la contaminación de los alimentos se produzca por hacer uso de utensilios que previamente hayan estado en contacto con cacahuetes. También existe la contaminación proteica de los preparados a base de aceite de cacahuete que se emplean en la cocina, pues a veces se comercializan simplemente como «aceite vegetal».

El aceite de cacahuete refinado no contiene la proteína del cacahuete, pero si ese aceite se utiliza para preparar un producto que contenga cacahuetes y se vuelve a utilizar, es posible que cualquier otro alimento cocinado con él se contamine.

La alergia al látex

El látex de caucho natural es un producto vegetal procesado que proviene casi exclusivamente del árbol *Hevea brasiliensis*, que se encuentra en África y en Asia Suroriental. No debe confundirse con los cauchos sintéticos derivados del petróleo o del butilo, y se encuentra en:
- Material sanitario, como guantes desechables, sondas respiratorias, catéteres intravenosos y jeringuillas
- Preservativos
- Gomas de borrar
- Globos
- Suelas de zapatillas
- Neumáticos de automóvil
- Ropa interior con elástico, cintas elásticas
- Juguetes infantiles
- Chupetes

La alergia al látex se suele presentar en grupos bien definidos: personal sanitario, trabajadores de la industria del caucho y niños con problemas de vejiga que requieren cateterización permanente.

La presencia del *Ficus benjamina*, una planta decorativa muy habitual en los hogares y oficinas, puede ocasionar asma y otras reacciones alérgicas por la existencia de una sensibilidad cruzada entre esta *Ficus benjamina* y la *Hevea brasiliensis*. Debido a esa sensibilidad, estos individuos también pueden reaccionar ante alimentos tan comunes como el plátano, el aguacate, la papaya, el melocotón, la nectarina y la castaña.

JOYAS CON ALERTA MÉDICA

Algunos fabricantes comercializan pulseras y colgantes para las personas propensas a sufrir ataques de alergia especialmente graves. Estos artículos *de joyería* contienen información médica importante o un teléfono de contacto que puede utilizarse en caso de emergencia.

Son joyas que resultan muy útiles para pacientes con anafilaxia y para personas con asma, en particular del tipo denominado *asma frágil*, cuyos síntomas pueden empeorar con gran rapidez hasta poner en peligro la vida del paciente.

El mayor fabricante de estas joyas es MedicAlert, una asociación benéfica sin ánimo de lucro registrada en todo el mundo con filiales en 22 países y más de cuatro millones de usuarios. Su pulsera presenta un símbolo médico reconocido en todo el mundo y lleva grabada la afección que padece su portador, un número de identificación personal y el teléfono de urgencia 24 horas de la organización. Una llamada telefónica desde cualquier lugar del mundo pone a un profesional médico en contacto con un centro de control donde se encuentra archivada por ordenador la historia clínica del paciente.

Otras pulseras con alerta médica, como el Talismán SOS (disponible en el Reino Unido), tienen un disco que se desenrosca y contiene información médica que puede leerse *in situ* en caso de emergencia. Esta cápsula es termorresistente e impermeable, de modo que la información se encuentra protegida en todo momento.

Factores desencadenantes

Los alergenos que con mayor frecuencia se encuentran en el hogar son los relacionados con los ácaros del polvo, las cucarachas y las mascotas (*véanse las páginas 36-37, 38-39 y 40-41*). Los alergenos del polen y el moho, si bien constituyen un problema extendido entre la población, normalmente sólo representan una parte mínima del total de alergenos del hogar. Esto es debido a que, en la mayor parte de las circunstancias, estos alergenos sólo se encuentran al aire libre.

Las esporas de moho, polen y otros alergenos

El crecimiento fúngoso —o, más concretamente, la proliferación de las esporas de moho que produce (*véanse las páginas 42-43*)— es un problema potencial en aquellos hogares donde la humedad es alta (*véase la página 136*). La humedad en casa puede venir determinada por distintos factores, como la ubicación y la orientación del edificio, la falta de un muro aislante adecuado, un tejado deteriorado, unos canalones obstruidos que provoquen que el agua de la lluvia se desborde y baje por las paredes exteriores, unos tubos de bajada de aguas mal ajustados o agrietados o unos marcos de ventanas flojos o en mal estado. Aparte de estas causas de humedad excesiva, también puede haber problemas con la ventilación (*véanse las páginas 50-57*) que produzcan condensación interna, que suele ser más pronunciada en las superficies internas de las paredes exteriores.

Además de la proliferación de esporas de moho, la humedad del hogar también va unida a un incremento de los niveles de ácaros del polvo y a la presencia de cucarachas. A todos estos alergenos se les ha asociado con el desarrollo y la persistencia de enfermedades como el asma, la rinitis, la conjuntivitis y, en menor medida, también el eccema.

En algunas casas, el polen puede ser todo un problema para quienes sufren de alergia (*véanse las páginas 28-31*), pues a veces basta con un ramo de flores recién cortadas para desencadenar una reacción (*véase el cuadro inferior*). La moda imperante en algunas partes del mundo de añadir invernaderos de plantas exóticas a las casas puede incrementar considerablemente el recuento polínico del interior, sobre todo si el invernadero en cuestión se encuentra plenamente integrado en la sala de estar, el comedor o la cocina. El mismo problema se da en las casas que tienen balcones o terrazas cerrados y llenos de flores.

El control de las enfermedades alérgicas

El control de los alergenos en el hogar se basa en gran medida en que usted comprenda tanto el origen como la naturaleza de las sustancias productoras de alergenos que afectan a su enfermedad. Otros factores dentro del hogar, como los alimentos, los productos de limpieza, cosméticos y residuos de combustión, también pueden desempeñar un papel importante en los síntomas que experimenta, pero aquéllos pueden actuar a modo de irritantes más que de alergenos. Aunque en realidad no son la causa de reacciones de tipo alérgico, sí es cierto que estos irritantes pueden agravar el desarrollo de su afección alérgica, incrementando la intensidad de los síntomas que experimenta.

LA MANIPULACIÓN DE FLORES CORTADAS

Las personas alérgicas especialmente sensibles al polen a menudo tienen que renunciar a tener flores en sus casas. Sin embargo, debe saber que con una buena elección puede seguir disfrutando de las flores dentro de su casa. En una flor, el polen se encuentra en los estambres, situados en su parte central, por lo que no debería tener problemas si se eliminan los estambres antes de que el polen madure y se disperse por el aire. En algunas flores los estambres son demasiado pequeños y numerosos como para realizar esta operación, pero otras, como los lirios, cuentan con estambres escasos y prominentes, que una persona no alérgica puede retirar, limpiar y sacar de casa en cuestión de segundos una vez abiertas las flores.

Para las personas sensibles al polen, es preferible tener una galería con plantas que no florezcan. Piense que las plantas incrementan la humedad y pueden albergar moho (véanse las páginas 59 y 111).

FACTORES RELACIONADOS CON LA FAMILIA Y EL ESTILO DE VIDA

Los problemas alérgicos tienden a ser cosa de familia, porque la probabilidad de que un niño desarrolle una alergia se ve incrementada si sus padres ya presentan este problema. Si ambos son alérgicos el riesgo se sitúa en un 75%, pero si sólo uno de ellos lo es, el riesgo es del 50%. Por término medio, entre un 10% y un 20% de la población es alérgica, aunque el

Determinadas alergias como el asma, la fiebre del heno, la rinitis y el eccema se dan a menudo en varios miembros de una misma familia.

porcentaje va en aumento por al creciente desarrollo de problemas alérgicos en los niños. Además, existen investigaciones que sugieren que los tipos de afección alérgica de los padres pueden influir en los tipos de alergia que desarrolle el niño.

La infección en los primeros años de vida

En las primeras etapas de la vida del niño el sistema inmunitario aún se está desarrollando, así que su estimulación por las posibles infecciones respiratorias, vi-

rus o bacterias, o incluso por infecciones gastrointestinales, puede contribuir a que la memoria inmunitaria no responda a los alergenos del entorno y, en consecuencia, puede limitar o incluso prevenir el desarrollo de alergias. Puede que las infecciones leves de la infancia no sean suficientes para lograrlo, aunque se están llevando a cabo investigaciones destinadas a identificar si determinadas vacunas específicas que estimulen la respuesta inmunitaria pueden mejorar la prevención de cara al futuro.

Los porcentajes de asma varían en cada país: en el Reino Unido el asma afecta a un tercio de los niños de entre 13 y 14 años, pero en Estados Unidos sólo lo hace a una cuarta parte.

Las diferencias por sexos

Durante la infancia, los problemas alérgicos son más frecuentes en los niños que en las niñas. Los estudios realizados sobre niños de 13 años demuestran una mayor sensibilidad a los ácaros del polvo o a los alergenos de los gatos en los niños que en las niñas. Sin embargo, esta diferencia es menor entre los adultos, ya que los hombres tienden a *curarse* con la edad.

Las ventajas del ejercicio

Algunos estudios recientes indican que la falta de ejercicio físico incrementa la probabilidad de desarrollar asma. No está claro si esto se debe a los efectos beneficiosos del ejercicio en sí o a que la falta de ejercicio supone pasar más tiempo en casa, expuesto a los alergenos del hogar. Sin embargo, sí están claras las ventajas del ejercicio y de la mayor expansión pulmonar a él asociada.

Los factores relativos al estilo de vida

Al igual que existen variaciones por motivos geográficos en la exposición a los alergenos, también existen diferencias regionales y culturales en la probabilidad de desarrollar enfermedades alérgicas.

¿SABÍA USTED QUE...

...en las familias numerosas la frecuencia de las alergias es menor en los niños más pequeños que en los mayores? Además, el riesgo se reduce a casi la mitad en el tercer hijo en relación con el primogénito. La razón se desconoce, pero parece que las toses y los resfriados que les contagian los mayores les proporcionan algún tipo de protección contra las alergias.

Frecuencia de las afecciones alérgicas en niños

Alergia parental	Asma	Fiebre del heno	Eccema
Asma	39%	0%	2%
Fiebre del heno	3%	15%	5%
Eccema	2%	0%	10%

Por ejemplo, en las comunidades en las que se ingiere gran cantidad de alimentos naturales y frescos se da una menor incidencia de afecciones alérgicas que en las comunidades que recurren más a los alimentos procesados. Esto podría tener algo que ver con el elevado nivel de antioxidantes que se halla en los alimentos naturales y frescos, como las frutas y verduras, y con los altos niveles de conservantes y aditivos presentes en los alimentos precocinados.

La frecuencia de las alergias es un problema cada vez mayor en las sociedades que llevan un estilo de vida propio de los países ricos. Estudios realizados en África en individuos de las mismas tribus (y, por tanto, con los mismos antecedentes genéticos) identifican una mayor frecuencia de asma en entornos urbanos que en entornos rurales, y en clases sociales altas más que en las clases bajas. Otras investigaciones han demostrado que cuando los inmigrantes cambian de una sociedad con un bajo nivel de vida y desarrollo a otra sociedad más próspera y evolucionada son más propensos a padecer asma. También se están estudiando los factores relacionados con las sociedades ricas que provocan un incremento del asma y las alergias, y el foco de atención se sitúa sobre todo en la dieta y el estilo de vida.

EL POLEN

Para muchas personas, la alergia al polen convierte los meses de primavera, verano y otoño en una pesadilla, metidos en sus casas con las puertas y ventanas cerradas a cal y canto. Aunque creemos que las plantas de jardín son las principales culpables de la generación de polen, conviene saber que muchos de los pólenes que éstas producen son demasiado grandes como para que el viento los disperse y, por tanto, no ocasionan problemas, a menos que nos acerquemos demasiado a ellos. De hecho, el principal grupo de fuentes de polen asociadas al asma, la rinitis y la conjuntivitis es el polen de árboles, gramíneas y maleza.

Los pólenes de los árboles

Los árboles, los primeros productores de polen a lo largo del año, esparcen sus cascadas de polvo dorado desde finales del invierno y principios de la primavera hasta el inicio del verano. En Europa y Estados Unidos se pueden asociar los siguientes árboles con la alergia al polen:

- *Acer* (arce bordo o negundo)
- *Acer* (arce)
- *Acer* (sicomoro)
- *Alnus* (aliso)
- *Betula* (abedul)
- *Carya* (carias)
- *Castanea* (castaño)
- *Cedrus* (cedro)
- *Corylus* (avellano)
- *Cupressus* (ciprés)
- *Fraxinus* (fresno)
- *Juglans* (nogal)
- *Olea* (olivo)
- *Populus* (álamo)
- *Quercus* (roble)
- *Salix* (sauce)
- *Ulmus* (olmo)

La polinización de los árboles depende de la temperatura y horas de sol, y dado que estos factores varían cada año, también varía la cantidad de polen. No obstante, la temporada del polen para cada especie dura unas tres o cuatro semanas.

Los pólenes de gramíneas

Los pólenes que producen las gramíneas suelen ser más comunes que los de los árboles, y la polinosis de las gramíneas (el nombre técnico de la fiebre del heno)

Algunas especies de árboles, como el abedul (Betula), generan grandes cantidades de polen de amentos cargados. Una vez maduro, cualquier leve brisa dispersa el polen por todas partes.

afecta a un porcentaje de la población más amplio que la polinosis de los árboles. La familia de las gramíneas (*Poáceae*) es extremadamente amplia, con más de 10.000 especies en todo el mundo, de las cuales alrededor de 1.000 se encuentran distribuidas por Estados Unidos y sólo 400 por Europa. Las gramíneas que crecen en las praderas de tierras bajas tienden a producir más polen que las de los suelos pobres. Estos pólenes son demasiado grandes como para llegar a las vías respiratorias inferiores, por lo que causan más problemas nasales y oculares que asma. Las gramíneas que se suelen asociar a la fiebre del heno son:

- *Alopecurus* (rabo de zorro o carricera)
- *Anthoxanthum* (grama)
- *Arrhenatherum* (avena)
- *Cornus* (cornejo)
- *Festuca* (festuca)
- *Lolium* (centeno)
- *Phleum* (fleo)
- *Poa* (hierba de pasto)

Los pólenes de gramíneas se detectan en la atmósfera a alturas elevadas y a bastantes kilómetros mar adentro, por lo que los esfuerzos de la Administración por controlar sus niveles suelen servir de poco. De hecho, la fiebre del heno se sigue dando en las ciudades, aun cuando las zonas verdes son menores que en las áreas rurales.

En las ciudades, dependiendo de las condiciones de viento y del terreno, los ataques de fiebre del heno alcanzan su máximo uno o dos días después de que se produzca la liberación de polen en el campo. El calor que generan las ciudades mantiene el polen en el aire, por lo que las mediciones de polen en el suelo son inferiores que en el campo. Pero ésta es una mala noticia, ya que la interacción de los pólenes y contaminación urbana provoca síntomas alérgicos incluso con niveles de alergenos relativamente bajos.

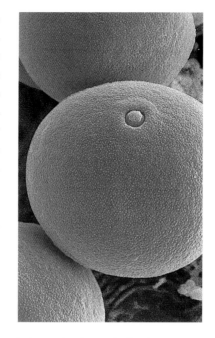

La imagen de microscropía electrónica nos permite ver los diminutos granos de polen de gramínea, responsables de la fiebre del heno.

Los pólenes de maleza

Después de haber sobrevivido tanto a la época de polen de los árboles como a la de las gramíneas, y justo cuando uno cree que está a salvo y que puede abrir las ventanas de nuevo, llega el turno de las numerosas especies de maleza. Una de las que posee el período de polinización más largo es la acedera (*Rumex*), hierba perenne que comienza su proceso a principios de verano y no lo concluye hasta mediados de otoño. Las hierbas que van asociadas a los problemas más importantes son:

Una pradera de fleo (Phleum pratense) es una bonita imagen en verano, menos para quienes sufren los síntomas de la fiebre del heno.

- *Ambrosia* (ambrosía)
- *Artemesia* (artemisa)
- *Parieteria* (ortiga)
- *Parieteria* (parietaria)
- *Plantago* (llantén)
- *Rumex* (romaza)
- *Rumex* (acedera)

La ambrosía (*Ambrosia*) es una generosa productora de polen, cuyo período de polinización en el hemisferio norte va de agosto a noviembre (o hasta las primeras heladas), alcanzando su nivel máximo a mediados de septiembre en muchas

CÓMO REDUCIR SU EXPOSICIÓN AL POLEN

- Si va a comprar árboles para el jardín, evite las especies cuyo polen pueda agravar las alergias.
- En la medida de lo posible, limite el tiempo que pasa al aire libre durante la temporada del polen, sobre todo a primeras horas de la mañana y a media tarde, cuando suelen darse los niveles máximos de polen.

- Mantenga cerradas las ventanas de su casa y del coche, y utilice el aire acondicionado para refrescarse.
- No tienda la ropa fuera si hay riesgo de contaminación por polen.
- Las personas y mascotas pueden introducir polen en la casa.
- Antes de salir, infórmese sobre los recuentos polínicos y los niveles de polen existentes.

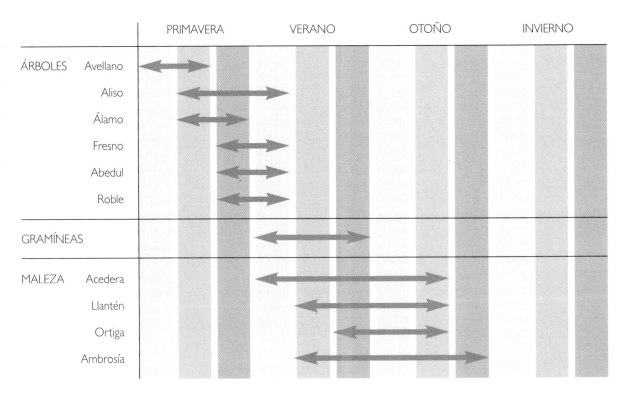

		PRIMAVERA	VERANO	OTOÑO	INVIERNO
ÁRBOLES	Avellano				
	Aliso				
	Álamo				
	Fresno				
	Abedul				
	Roble				
GRAMÍNEAS					
MALEZA	Acedera				
	Llantén				
	Ortiga				
	Ambrosía				

zonas. Cada planta produce alrededor de mil millones de granos de polen por temporada, detectados incluso a 600 km mar adentro. Algunos estudios han demostrado que este polen es un alergeno muy potente: bastan menos granos que en el caso de otros alergenos para producir un ataque alérgico. Otra planta importante es la parietaria, que también genera grandes cantidades de un polen muy potente.

Calendario de frecuencia del polen, que comienza al inicio de la primavera: cada una de las franjas es un mes. Las variaciones locales dependerán de las condiciones climáticas.

El asma de las tormentas

En diferentes partes del mundo se han registrado ataques graves de asma asociados a las tormentas de la temporada de la fiebre del heno, ataques que afectan a diferentes individuos que padecen fiebre del heno, pero no asma, porque se ha demostrado que los pólenes de las gramíneas se abren con la elevada humedad que suele preceder a una tormenta. Si bien los granos de polen en sí mismos son demasiado grandes como para penetrar en las vías respiratorias, las partículas de almidón que generan, ya sean solas o unidas a partículas en suspensión (como por ejemplo el carbono de los motores diesel), se pueden inhalar con facilidad, induciendo de esta manera una reacción alérgica que provoca asma.

Las personas afectadas por el asma de las tormentas tienen que ser conscientes de la influencia de las condiciones meteorológicas sobre su afección, y permanecer en casa si las predicciones son desfavorables.

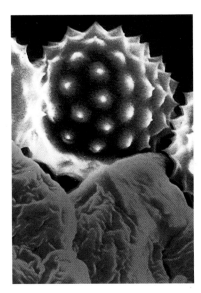

Esta imagen de microscopía electrónica muestra un grano de polen de ambrosía (Ambrosia). El color que se ve no es natural, sino que se añade en el proceso de tratamiento de la imagen.

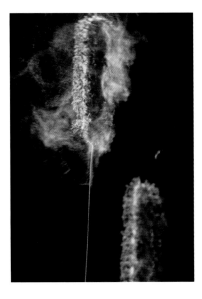

Con un aspecto parecido a una nube de polvo, enormes cantidades de granos de polen de gramíneas son liberados y dispersados por todas partes gracias a la acción del viento.

LOS EFECTOS DEL TIEMPO

En verano, los recuentos polínicos son más elevados durante los días soleados. Si bien los niveles máximos se dan a primera hora de la mañana y a media tarde, pueden persistir durante todo el día. Son más acusados en los entornos rurales que en los urbanos, pero la dispersión llevada a cabo por el viento garantiza la presencia de polen incluso en las ciudades. Además, los recuentos polínicos tienden a ser mucho menores en días lluviosos. Sin embargo, se sabe que el número de personas afectadas por la fiebre del heno que requieren asistencia médica aumenta tras una tormenta, debido a que la humedad que la precede hace estallar los granos de polen. Éstos liberan a su vez pequeñas partículas de almidón (uno de los principales alergenos de las gramíneas), que se adhieren al carbono que emiten los motores diesel. Luego, al respirar, pasan a los pulmones y desencadenan ataques de asma en las personas que padecen la fiebre del heno.

LA CONTAMINACIÓN DEL AIRE EXTERIOR

Los principales contaminantes del aire exterior provienen de la quema de combustibles fósiles, en especial dióxido de azufre (SO_2), materia en forma de partículas (pm), dióxido de nitrógeno (NO_2), monóxido de carbono (CO), aerosoles ácidos y ozono (O_3). El ozono es un contaminante secundario fotoquímico que se crea cuando la luz del sol reacciona con las sustancias que salen de los tubos de escape de los vehículos (NO_2) en contacto con hidrocarburos. La tabla de la derecha ilustra la importancia del tráfico como fuente de la polución atmosférica en un país industrializado.

Los niveles de contaminantes en el aire exterior dependen de diversos factores, como la cantidad de fuentes generadoras de polución, la luz del sol y el viento. Un clima donde predominen las altas presiones, con un tiempo benigno y cálido con cielos despejados y viento escaso o nulo, incrementará la probabilidad de que aparezca la niebla cargada de polución conocida como *smog*.

FUENTES DE LOS PRINCIPALES CONTAMINANTES DEL AIRE EXTERIOR (PORCENTAJE DE EMISIONES TOTALES)

FUENTE	SO_2	pm	NO_2	CO
Transporte rodado				
Nacional	2	47	51	90
Urbano	22	96	76	99
Generación de electricidad	69	5	25	1
Otros contaminantes industriales	21	4	12	2
Domésticas (calefacciones)	3	28	3	4
Otras fuentes	4	15	8	3

Los contaminantes externos y las alergias

El aumento del número de personas alérgicas hace inevitable sospechar de la contaminación como principal responsable. Paradójicamente, si bien la frecuencia de las alergias ha aumentado, algunos tipos de polución atmosférica han disminuido. Un estudio realizado tras la reunificación de Alemania señaló que los niveles de SO_2, NO_2 y materia en forma de partículas eran mayores en Leipzig (antigua Alemania Oriental) que en Múnich (antigua Alemania Occidental). No obstante, la frecuencia, muchísimo mayor, de atopías (*véase la página 13*) y de afecciones alérgicas en Múnich sugiere que la exposición a estos contaminantes exteriores no incrementa el riesgo de alergia. Sin embargo, las infecciones respiratorias y la frecuencia de la bronquitis sí se ven incrementadas por una exposición a niveles elevados de estos

Los elevados niveles de luz solar en verano y la falta de dispersión por el viento, pueden ocasionar smog *allí donde la contaminación de gases del tráfico sea intensa.*

La exposición al contaminante NO$_2$ (dióxido de nitrógeno) está directamente relacionada con la densidad del tráfico.

contaminantes. Se ha demostrado que la exposición al SO$_2$, al NO$_2$ y al ozono empeora el asma y la rinitis y favorece las afecciones conjuntivales.

La interacción alergenos-contaminación

El aumento del asma por los contaminantes exteriores puede deberse a muchas razones. Por ejemplo, la mayoría de de estos contaminantes son de tipo irritante, y por ello la exposición al SO$_2$ y al NO$_2$ puede producir un estrechamiento agudo de las vías respiratorias. A ello va unida una mayor dificultad respiratoria, mientras que la exposición al ozono provoca tos e incapacidad para respirar profundamente, lo cual, a su vez, causa la sensación de estar falto de aliento.

Cuando se respira por la nariz se produce un proceso de absorción que elimi-

na el SO$_2$, lo cual contribuye a proteger las vías respiratorias inferiores. No obstante, en individuos con rinitis alérgica, esta protección tan importante se pierde y, al respirar por la boca, el SO$_2$ pasa directamente a las vías respiratorias inferiores, donde empeora el estado asmático. De forma similar, al realizar ejercicio físico uno tiende a respirar más por la boca que por la nariz. Esto significa que correr o montar en bicicleta en un ambiente contaminado, por ejemplo, repercutirá más en el empeoramiento del asma que el ejercicio o la contaminación por separado.

Los contaminantes exteriores también pueden empeorar cualquier inflamación de las vías respiratorias que ya se padezca anteriormente, provocando un empeoramiento prolongado del asma y una tendencia a sufir ataques más graves. Este efecto es más evidente con el ozono, donde se da un retraso de 24 horas entre la exposición máxima y el empeoramiento del proceso alérgico.

CONTAMINANTES HABITUALES

Tanto en el campo como en el pueblo o en la ciudad, el aire contiene diversos niveles de sustancias contaminantes.

SO$_2$: el dióxido de azufre es un gas incoloro que se disuelve fácilmente en agua y genera el ácido sulfúrico (H$_2$SO$_4$). Los niveles de SO$_2$ en el aire disminuyen allí donde se ha visto reducido el consumo de carbón.

NO$_2$: el dióxido de nitrógeno es un poderoso oxidante generado de forma natural por las bacterias, la acción volcánica y la iluminación, pero los niveles más elevados en las ciudades se deben a la densidad del tráfico.

O$_3$: el ozono es otro poderoso agente oxidante generado por la acción de la luz solar sobre los gases de los escapes del tráfico.

LA CONTAMINACIÓN DEL AIRE DE CASA

La decoración de la casa con pinturas y barnices emite vapores que pueden agravar las afecciones alérgicas. Los individuos sensibles deberían evitar la exposición a estas sustancias.

de contaminación son, por ejemplo, las cocinas de gas, las estufas de gas portátiles y chimeneas, que emiten dióxido de nitrógeno. El dióxido de azufre, otro gas problemático, procede de las chimeneas de carbón o de estufas de aceite y queroseno. Además, dentro del entorno doméstico se encuentran los compuestos orgánicos volátiles (VOC), como el formaldehído, que pueden estar asociados a problemas respiratorios (moqueo o nariz taponada, tos y respiración sibilante) y a prurito (picor cutáneo).

Los compuestos orgánicos volátiles (VOC)

Estos compuestos son un grupo de sustancias químicas basadas en el átomo del carbono (orgánicas) que se evaporan con rapidez (volátiles). Existen numerosas sustancias químicas que entran dentro de la categoría de VOC y que, en general, actúan como irritantes, si bien un pequeño porcentaje de personas alérgicas desarrolla una respuesta inmunitaria específica a los VOC, en especial al formaldehído. Algunos VOC se originan de forma natural, como cuando se corta

La mayor parte de la gente pasa el 75% de su tiempo en casa, así que su exposición a los contaminantes del aire viene determinada más por el nivel de éstos dentro de la casa que fuera de ella. La calidad del aire en un edificio variará en gran medida de un caso a otro dependiendo de factores como la generación de gases y otras sustancias químicas por los aparatos calefactores, los aparatos eléctricos existentes e incluso los componentes de la estructura del edificio. Otro importante factor para determinar el nivel de contaminación del aire interior es la capacidad de eliminación de esas sustancias, lo cual depende de la propia ventilación del hogar (*véanse las páginas 52-57*).

Los principales contaminantes suelen actuar como agentes irritantes, pero también pueden agravar las reacciones alérgicas a alergenos interiores, empeorando los síntomas iniciales. Estas fuentes

---

CÓMO EVITAR LOS CONTAMINANTES EN EL HOGAR

- No permita que se fume en casa.
- Mantenga una buena ventilación (*véanse las páginas 54-57*).
- Piense en las posibles fuentes de VOC y opte por emplear productos alternativos en caso de que existan.
- Realice tareas de bricolaje o actividades en las que se empleen colas, pinturas, barnices y

disolventes en áreas bien ventiladas o en cobertizos bien ventilados que sean independientes de la vivienda principal.
- Si ve que algún miembro de su familia experimenta reacciones adversas, busque sistemas de cocina y calefacción alternativos que no generen SO_2, NO_2 o VOC.

una naranja, mientras que otros son sintéticos y se encuentran en productos manufacturados como los siguientes:

- Colas y disolventes
- Mobiliario de madera prensada
- Productos de limpieza
- Material aislante
- Moquetas y alfombras nuevas y algunos suelos
- Aerosoles
- Ambientadores
- Prendas lavadas en seco
- Algunos tejidos sintéticos
- Conservantes de la madera
- Pinturas, especialmente algunos tipos de esmalte

Los fumadores pasivos

La inhalación del humo del tabaco por parte de los fumadores pasivos resulta especialmente perjudicial para los niños pequeños, pues incrementa tanto el riesgo de desarrollar una infección respiratoria como una tendencia alérgica o asma.

Además, la presencia en el aire de contaminantes del humo del tabaco actúa como un irritante y empeora las afecciones alérgicas ya existentes. Así, al entrar en un lugar lleno de humo, a quienes padecen de conjuntivitis les duelen y lloran los ojos, quienes sufren de rinitis ven empeorar su congestión nasal y a los afectados de asma les puede provocar opresión en el pecho, respiración sibilante y tos. Así pues, en el caso de los niños que viven con padres que fuman, la constante exposición a la contaminación del tabaco presente en el aire empeorará sus afecciones alérgicas, ya se trate de asma, rinitis o conjuntivitis, con lo cual será preciso un tratamiento de mantenimiento más fuerte que en un hogar de no fumadores.

Si va a pintar o barnizar en un espacio cerrado, mantenga la zona bien ventilada o lleve una mascarilla protectora con filtro de carbón activado que absorba los vapores.

LOS ÁCAROS DEL POLVO

Siempre al acecho e invisibles por su tamaño microscópico, los ácaros del polvo doméstico son los parásitos más abundantes en nuestros hogares.

¿Por qué los ácaros son un problema?

Los ácaros del polvo pertenecen a la familia de los arácnidos, al igual que la araña, el ácaro rojo y la garrapata. Poseen ocho patas, como las arañas, pero son ciegos y completamente inofensivos, ya que no muerden, ni pican ni transmiten enfermedades. Su dieta natural consiste en escamas de piel que se desprenden del cuerpo humano, crin vegetal, polvo doméstico, esporas fungosas, granos de polen y escamas de insectos.

Por sí solos no constituyen ningún problema, a menos que usted sea uno de los muchos individuos que experimentan una reacción alérgica a las proteínas que contienen sus desechos fecales.

Nuestras casas están llenas de estos ácaros, especialmente en las fibras de la ropa de cama, las moquetas y alfombras y los muebles tapizados en tela. Para dar-

Aquí vemos, aumentado miles de veces, el ácaro del polvo (Dermatophagoides pteronissius). Se alimenta de los componentes orgánicos que se hallan en el polvo.

le una idea del tamaño de la criatura con la que está tratando, baste con decir que en tan solo un gramo de polvo se pueden contar hasta 1.000 ácaros. Esto significa que una cama normal contiene más de 10.000 ácaros y tal vez más de dos millones de gránulos fecales.

La vía habitual por la que estos desechos fecales entran en el cuerpo es por contacto con las superficies mucosas de la nariz y el revestimiento de los ojos o

el de las vías respiratorias de los pulmones. Al ser tan diminutos, cuando los gránulos se ven alterados por nuestros movimientos cotidianos, como sentarse en una cama, en una silla, en un sillón o en un sofá tapizados en tela, permanecen en suspensión en el aire durante al menos treinta minutos. Tienden también a pegarse a las fibras de los visillos, cortinas, alfombras y moquetas, por lo que los niños, que tanto juegan en el suelo, correrán un mayor riesgo en los hogares enmoquetados.

Biología del ácaro del polvo

La cantidad de ácaros que usted tenga en su casa no depende tanto de lo bien que limpie o quite el polvo, sino más bien de la humedad y de la temperatura interiores. Los ácaros del polvo no beben para saciar su sed, sino que absorben agua directamente del aire por medio de unas glándulas especiales de la

---

CÓMO REDUCIR LA EXPOSICIÓN A LOS ÁCAROS DEL POLVO

- Coloque fundas protectoras antiácaros en los colchones y ropa de cama (*véanse las páginas 82-83*).
- Cuando cambie las sábanas, limpie las fundas con ayuda de un paño y lávelas cada seis o doce meses.
- Retire los peluches de las camas de los niños. Si duermen con su peluche, lávelo con regularidad o métalo en el congelador varias horas para reducir la formación de ácaros (*véase la página 89*).
- No coloque demasiados objetos en repisas en las que se pueda acumular el polvo.

- Elimine la moqueta (*véanse las páginas 62-64*).
- Pase la aspiradora regularmente (*véanse las páginas 74-75*).
- Sustituya los muebles tapizados en tela por otros de piel o vinilo (*véase la página 70*).
- Mantenga las habitaciones siempre bien ventiladas (*véanse las páginas 54-57*).
- Reduzca la humedad en la casa (*véase la página 58*).
- Instale cortinas lavables o persianas verticales (*véase la página 65*).

LA DISTRIBUCIÓN GEOGRÁFICA DEL ÁCARO

El término *ácaro del polvo* comprende alrededor de diez especies distintas de la familia de los arácnidos *Pyroglyphidae*, pero los más frecuentes son cuatro: *Dermatophagoides pteronissius, Dermatophagoides farinae, Dermatophagoides microcerus* y *Euroglyphus maynai*. El término *Dermatophagoides* literalmente significa *comedor de piel*. Los ácaros *D. pteronissus* y *E. maynai* son los que más se dan en Europa, mientras que éstos y el *D. farinae* son igualmente habituales en América del Norte.

Otro ácaro más, el *Blomia tropicalis,* prevalece en zonas tropicales y semitropicales y, por tanto, se encuentra en Florida, a lo largo de la costa del Golfo y en países suramericanos como Venezuela y Brasil. Otro grupo de ácaros, conocido como *ácaros de productos almacenados* (familias *Acaridae, Glycyphagidae* y *Chortoglyphidae*) también se encuentran en el polvo doméstico, pero destacan menos que la familia *Pyroglyphidae*, que constituye alrededor del 80%-90% de los ácaros presentes en el polvo doméstico.

piel. Crecen mejor en una humedad relativa de un 75% a un 80%. La humedad relativa es el porcentaje equivalente a la máxima cantidad posible de vapor de agua en el aire —la saturación, en otras palabras—, lo cual, a su vez, depende de la temperatura ambiente. La temperatura es importante, porque el aire caliente es capaz de retener más humedad que el aire frío. Si la humedad relativa desciende, sencillamente no hay suficiente vapor de agua como para que los ácaros proliferen y se reproduzcan.

Por lo tanto, una de las estrategias para, al menos, limitar la cantidad de ácaros del hogar, consiste en regular el nivel de humedad del aire. Sin embargo, el control nunca podrá ser absoluto, ya que los ácaros disponen de un mecanismo de protección para prevenir una deshidratación excesiva cuando desciende la humedad. Algunos estudios han demostrado que los ácaros del polvo pueden mantener un balance hídrico y sobrevivir con humedades relativas de un 45% a 15°C, de un 55% a 25°C y de un 65% a 30°C.

Además de la humedad del aire, el otro gran factor que regula el número de ácaros del polvo que puede albergar su hogar es la temperatura ambiente. Los ácaros no pueden temblar ni sudar para regular la temperatura de sus cuerpos, de modo que dependen por completo de la temperatura del aire circundante para sobrevivir. La temperatura ideal para los ácaros es de aproximadamente 25°C. Por consiguiente, si mantiene la temperatura de su hogar por debajo de este nivel logrará reducir su número.

En realidad, es la temperatura corporal de los ácaros del polvo lo que rige su metabolismo. Esto significa que tanto su producción de huevos como su esperanza de vida disminuyen a temperaturas más bajas, lo cual provoca un descenso en la cantidad total de ácaros. Ésta es la razón por la que quienes son sensibles a los ácaros del polvo, y propensos por ello a los ataques de asma, a menudo se sienten aliviados en lugares elevados, en los que la humedad y la temperatura ambiente del aire son demasiado bajas como para que los ácaros sobrevivan.

Dado que los bebés y niños pequeños pasan mucho tiempo en contacto con el suelo, la eliminación de la moqueta contribuirá a reducir su exposición a los alergenos del ácaro del polvo.

LAS CUCARACHAS

Las cucarachas, conocidas en otras latitudes como chinches acuáticas, cucarachas alemanas y chinches del palmito, son la segunda causa de alergia en algunos países, después de los ácaros del polvo. Si bien a las cucarachas se las suele asociar con las regiones más calurosas y húmedas del planeta, también se encuentran presentes en países más templados donde se utiliza la calefacción central para mantener una temperatura elevada en el hogar durante el invierno.

La proliferación de las cucarachas y la alergia a ellas constituyen problemas habituales en países, como Estados Unidos, Taiwan, Japón, Tailandia y Singapur, así como en Suramérica, Suráfrica y Australia. En Europa, los estudios sugieren que entre un 5% y un 10% de la población es sensible a las cucarachas, por lo que éstas son un motivo menor de preocupación que en Estados Unidos, donde las cifras indican que de un 40% a un 60% de la población padece este problema.

¿Dónde se encuentran las cucarachas?

Existen numerosas especies de cucarachas —unas 50 en total—, cuyo tamaño varía entre los 2 y los 5 centímetros. Algunas viven al aire libre y sólo entran en las casas para reproducirse o buscar comida. Suelen encontrarse alrededor de los fregaderos de las cocinas o de los escurreplatos, debajo o dentro de grietas en torno a los armarios y alacenas, dentro de los armarios (sobre todo en las esquinas superiores), detrás de los cajones, alrededor de tuberías o conductos que pasen junto a una pared o la atraviesen, detrás de los marcos de puertas y ventanas, detrás de zócalos o molduras flojos, en la parte inferior de mesas o sillas y en el baño. A veces incluso se las encuentra en la parte trasera de los aparatos de música o televisores.

La cucaracha alemana, muy extendida, suele hallarse en las cocinas y baños, si bien estos insectos también se pueden ver casi en cualquier parte, mientras que las otras especies prefieren entornos oscuros, como garajes, sótanos y desvanes. La cucaracha también es un habitante común de las alcantarillas, y a menudo, tras una fuerte lluvia, la cantidad de estos insectos aumenta en los sótanos.

Las cucarachas suelen estar presentes donde haya alimentos, ya sea en zonas de almacenamiento de comida o alrededor de los cubos de basura. Es importante conocer estos posibles focos de propagación cuando se trata de impedir que entren en casa.

Biología de la cucaracha

El agua es el principal factor determinante en lo que respecta a la supervivencia de las cucarachas. Las cucarachas alemanas pueden sobrevivir hasta 42 días a base de agua, pero sólo 12 días si se les retira el suministro de agua, aunque dispongan de alimentos en abundancia. Ésta es la razón por la cual se ven más

PARA SABER MÁS SOBRE LAS CUCARACHAS

Las cucarachas son insectos brillantes marrones, negros o de color café que pueden volar. Segregan un líquido aceitoso de olor desagradable en los alimentos y las superficies del hogar. Los excrementos, en forma de gránulos o de un fluido similar a la tinta, contribuyen también a este olor. Se ocultan en lugares oscuros y abrigados durante el día y únicamente salen para alimentarse por la noche.

Estos insectos (orden: *Orthoptera*) pertenecen a la familia de los *Blattidae* (del latín *blatta*, «que huye de la luz»), y de ellos se suelen encontrar cinco especies en las casas, si bien hay más de 50. La especie más común es la cucaracha alemana (*Blattella germanica*), de unos 2 centímetros de largo. Una pareja de

estos insectos puede generar hasta 30.000 descendientes en sólo un año.

La vida de las cucarachas tiene tres etapas: huevo, ninfa y adulto. Los huevos son depositados en una cápsula coriácea pegada en alguna grieta oculta, con excepción de la cucaracha alemana, que lleva su cápsula hasta que los huevos están a punto de eclosionar. En este caso, hay unos 38 ó 40 huevos por cápsula, pero es inferior en otras especies (de 10 a 28 huevos).

CÓMO EVITAR LOS ALERGENOS DE LAS CUCARACHAS

- Reduzca los focos de humedad en la casa (*véanse las páginas 52-53*).
- Mantenga una buena ventilación (*véanse las páginas 54-57*).
- Tire enseguida los desperdicios orgánicos y demás desechos en bolsas cerradas herméticamente y mantenga limpia la zona de alrededor.
- Guarde los alimentos en recipientes herméticos o en el frigorífico.
- No deje por la noche fuentes ni platos sin lavar.
- Guarde la comida de las mascotas en recipientes cerrados herméticamente y no deje fuera ni comida ni agua.
- Pase la aspiradora con regularidad (*véanse las páginas 74-75*).

- Selle las posibles entradas a su casa, ya que una cucaracha adulta puede pasar por un abertura de tan sólo 1,6 mm de ancho.
- Mantenga las habitaciones despejadas y ordenadas: de este modo las cucarachas tendrán menos lugares donde ocultarse.
- Selle las grietas en la madera.
- No riegue en exceso las plantas de interior, pues genera humedad.
- Compruebe que no haya cucarachas en las bolsas de la compra antes de guardar la comida en los armarios.
- Utilice trampas (*véase más abajo*).
- Plantéese el empleo de insecticidas, pero siga en todo momento las instrucciones del fabricante.

cucarachas en el hogar durante los períodos de sequía, pues es entonces cuando los insectos entran en casa en busca de un suministro seguro de agua.

Por lo tanto, una de las principales estrategias que se pueden adoptar para evitar la infestación de cucarachas consiste en asegurarse de que no encuentren agua fácilmente en ninguna parte de la casa. De hecho, incluso lo que nos parece una cantidad de agua insignificante puede salvar la vida a una cucaracha, así que asegúrese siempre de secar por completo el escurreplatos después de haber fregado, y lo mismo con los bordes del lavabo después de cepillarse los dientes.

No obstante, en los bloques de apartamentos y en las casas adosadas resulta más difícil eliminar todos los posibles entornos favorables para las cucarachas, independientemente de lo concienzudo que se sea, ya que siempre cabe la posibilidad de que se vuelva a infestar la zona de cucarachas procedentes de las viviendas vecinas.

¿Por qué son un problema las cucarachas?

La fuente del alergeno de las cucarachas no se encuentra tan definida como la de los ácaros, pero es probable que las enzimas digestivas presentes en sus partículas fecales desempeñen un importante papel. Aunque las partículas fecales de las cucarachas son mucho mayores y más pesadas que las de los ácaros del polvo, pueden pasar al aire y ser respiradas por la nariz o la boca o, si se fragmentan, pasar al cuerpo por los ojos. También es posible que las partículas de polvo se revistan de los alergenos de los insectos y entren juntas en el cuerpo al respirar. Algunos estudios han sugerido que la causa de los alergenos segregados tal vez haya que buscarla en las proteínas de enlace de las feromonas sexuales de las cucarachas, en lugar de en los desechos fecales.

En algunos barrios urbanos marginales se ha descubierto que la alergia a las cucarachas es un importante factor en quienes acuden a urgencias aquejados de asma grave. La alergia a las cucarachas se puede determinar por medio de una prueba cutánea de punción (*véanse las páginas 44-45*). Asimismo, las cucarachas actúan como transmisores de enfermedades. Se sabe que transmiten infecciones humanas y bacterias responsables de algunas intoxicaciones alimentarias.

CÓMO UTILIZAR Y ELABORAR TRAMPAS PARA CUCARACHAS

En las ferreterías se pueden adquirir trampas pegajosas fabricadas específicamente para cucarachas. Deberá colocarlas en puntos estratégicos del hogar: cerca del cubo de la basura, bajo el fregadero, en los armarios de comida, debajo y detrás del frigorífico y en el baño. No se recomienda utilizarlas en el exterior porque, además de no resistir la acción de los elementos, no atrapan a las especies de mayor tamaño. Pero usted puede también elaborar su propia trampa:

- Coja un bote vacío de bordes redondeados y engrase por dentro la base con una capa de vaselina.
- Coloque dentro un trozo de pan empapado en cerveza, o en cualquier otro alimento.

- Envuelva el exterior del bote con una toallita de papel para ayudar a las cucarachas a llegar hasta arriba y favorecer que caigan dentro.
- Coloque el bote contra la pared para permitir que los insectos accedan fácilmente al cebo.
- En el exterior, cubra el bote con una lámina de aluminio para evitar que entre la lluvia, pero mantenga abierto un acceso en un lateral para que entren las cucarachas.
- Para matar a las cucarachas que haya atrapado, eche en el bote detergente lavavajillas y añada agua caliente. Lave el bote y coloque de nuevo la trampa cada dos o tres días.

LA ALERGIA A LAS MASCOTAS

Las mascotas son una causa muy común de alergias en el hogar. Los peores agresores son los gatos y los perros, cuyo contacto puede provocar asma, rinitis y conjuntivitis. Las reacciones alérgicas también se asocian a los pájaros, ratones, ratas, cobayas, conejos, hámsters y a algunos animales del exterior, como los gansos, patos, pollos y caballos.

Los alergenos se encuentran en las escamas epiteliales (epitelio), el pelo, la saliva y la orina, y se extienden rápidamente por la casa en que vivan los animales. Debido a su naturaleza pegajosa, estos alergenos se transportan en la ropa de las personas, y pasan así de una habitación a otra, o incluso a otros edificios. De hecho, esto puede constituir todo un problema para los alérgicos cuando les visitan amigos que poseen animales.

La alergia a los gatos

La alergia más común es a los gatos: hasta un 40% de quienes padecen asma presenta algún grado de sensibilidad. El principal alergeno del gato se encuentra en su saliva y en las glándulas sebáceas y lacrimales. Cuando el gato se acicala o se lame, el alergeno se transfiere a la piel y, una vez seco, pasa al aire, desde donde de propaga ampliamente, más que el alergeno de los ácaros, ya que es mucho más pequeño y puede permanecer en suspensión durante horas. Además, cuando el gato se halla presente en una habitación el alergeno en suspensión

tiende a multiplicarse aproximadamente por cinco. Dado que las partículas del alergeno de los gatos son tan pequeñas, se pueden inhalar con facilidad, y las personas sensibilizadas a esta sustancia suelen experimentar síntomas poco después de haber entrado en contacto con ellas, independientemente de que el gato esté o no allí. Los gatos castrados producen entre tres y cinco veces menos alergenos que los machos no castrados.

El alergeno del gato se pega con facilidad a las alfombras y moquetas, muebles y paredes, y resulta difícil de erradicar: los niveles se siguen detectando en el polvo incluso meses después de que el gato se haya ido. Debe tener esto en cuenta a la hora de mudarse de casa, ya que tendrá que lavar a conciencia todas las moquetas y cortinas (o dejar incluso que lo haga un profesional).

La alergia a los perros

La alergia a los perros es menos común que la alergia a los gatos. No obstante, la fuente del alergeno es la misma —epitelio, saliva y orina— y algunos estudios han demostrado que el alergeno del pe-

Aunque se trata de una decisión difícil de tomar, tal vez tenga que prohibir los animales domésticos, sobre todo el querido gato, en los hogares de las personas alérgicas.

rro se halla presente en más de la mitad de las casas.

Dado que la saliva es una de las fuentes más importantes de alergenos, las lameduras de perro pueden provocar una respuesta grave. Algunas personas han notado el comienzo de los síntomas sólo tras entrar en contacto con determinadas razas y, aunque no existen pruebas de que diferentes razas posean diferentes alergenos, podría ocurrir que perros concretos generen cantidades distintas de alergenos.

Las alergias a otros animales

En el caso de mascotas como los conejos, ratas, ratones, hámsters y cobayas, las principales fuentes de alergenos son la saliva y la orina. Los roedores excretan en la orina proteínas que se secan y pasan al aire en partículas de polvo, permitiendo así su inhalación. Si bien el pelo y las partículas de piel también transportan alergenos, éstos se derivan principalmente de la contaminación con orina y saliva.

Las escamas epiteliales de los caballos y las vacas pueden ser alergénicas para quienes se expongan a ellas, y el alergeno del caballo se adhiere fácilmente a la ropa, de modo que es posible introducirlo en casa. También los pájaros transportan en las plumas ácaros, mohos y pólenes que causan alergias, e

incluso los desechos de los periquitos contienen una proteína que pasa al aire y puede inducir un problema pulmonar grave, originando una falta de aliento y tos progresivas.

Los perros suelen causar menos problemas alérgicos, y de menor gravedad, que los gatos, pero en algunas personas un simple lametazo basta para inducir una respuesta alérgica.

Por su parte, si bien los peces se suelen considerar seguros para las personas alérgicas a las mascotas más habituales, se conocen casos de sensibilización a los huevos de las hormigas que sirven de alimento para peces. También pueden proliferar mohos en zonas húmedas alrededor o dentro de los acuarios, y las esporas pueden originar diferentes reacciones alérgicas. Algunas personas que tienen peces han desarrollado erupciones cutáneas en las manos, pero la sustancia agresora responsable probablemente sea un irritante en lugar de un alergeno.

CÓMO EVITAR LOS ALERGENOS DE LOS ANIMALES DOMÉSTICOS

- En principio, lo ideal sería que no tuviera mascotas en casa.
- Si le es posible, mantenga los animales fuera de la casa o, si no, en partes de la misma bien ventiladas y con suelo de superficie dura, como la cocina.
- No deje a los animales entrar en los dormitorios ni zonas de estar.
- Lave a los gatos y perros con frecuencia (al menos una vez a la semana) para eliminar los alergenos del pelo o la piel.

- Pase la aspiradora regularmente con un filtro de aire particulado de alto rendimiento (HEPA) (*véanse las páginas 74-75*).
- Instale filtros de aire HEPA (*véase la página 57*) en dormitorios y salas.
- Retire la moqueta e instale suelos de linóleo, vinilo o madera (*véanse las páginas 63-64*).
- Limpie semanalmente las sillas, sillones o sofás tapizados en tela o sustitúyalos por muebles de piel o de vinilo (*véase la página 70*).

LA ALERGIA AL MOHO

Las esporas de moho se encuentran a menudo en el exterior, pero también dentro de la casa, sobre todo en lugares donde la humedad es persistente y la ventilación escasa (*véase la página 50*).

Las condiciones de la proliferación

El agua necesaria para que se forme el moho que produce las esporas de moho procede principalmente de la humedad ascendente, de las filtraciones de agua, de las fugas en las tuberías y de los niveles elevados de humedad relativa. Una humedad relativa alta suele venir dada por una ventilación inadecuada y una condensación del vapor de agua en las superficies frías, como las ventanas de baños y cocinas, y en las superficies internas de las paredes exteriores. Por tanto, las casas antiguas son más propensas a la humedad que las nuevas. Una vez los

CÓMO CONTROLAR LAS ESPORAS DE MOHO

- Busque señales de moho en la ducha o en zonas húmedas y oscuras con escasa ventilación que den a una pared exterior.
- Limpie la ducha, el alféizar de las ventanas, la cocina y el sótano con una solución de lejía y, después, con un inhibidor del moho.
- Ventile bien el baño para reducir la proliferación de moho (*véase la página 55*).
- Si no tiene calefacción, instale una luz en el armario para que, al calentar el aire, ayude a secar la atmósfera.
- Limpie regularmente los canalones y tuberías de bajada de aguas para impedir que se filtre agua del exterior.
- Asegúrese de que todos los marcos de las ventanas estén bien sellados y sustituya los marcos podridos o las tablas agrietadas.
- Repare los defectos que vea en los muros hidrófugos.
- No deje alimentos o fruta podrida.
- Elimine todo rastro de comida de las superficies del interior del hogar.

mohos se establecen en la casa, también proliferarán en los alimentos frescos o almacenados, así como en otros artículos del hogar, como los libros.

Los tipos de moho

Los mohos de interior más habituales son los pertenecientes a las especies As-

pergillus y *Penicillium*, que prosperan bien allí donde la humedad relativa del aire es superior al 70%. El *Aspergillus niger*, de color marrón oscuro, es el responsable de las manchas negras de las paredes y zócalos húmedos.

Para sobrevivir y crecer, estos mohos comen pintura o papel pintado, algodón y otros materiales de celulosa, así como polvo y diminutos trozos de material alimenticio de las paredes. El *Penicillium* es el moho utilizado en la elaboración de los quesos azules. Suele hallarse en fruta y en alimentos como el queso y el pan (atención: esto no tiene nada que ver con la alergia a la penicilina).

Los mohos del exterior pueden emigrar a los edificios, pero en concentraciones inferiores. No obstante, si las condiciones son favorables —húmedas— la cantidad experimentará un considerable incremento.

Las moquetas constituyen una reserva perfecta para el polvo y las esporas,

Este extraño paisaje lunar es en realidad una imagen microscópica de un moho común. Se pueden ver los filamentos del moho que crecen en la cara interna de la pared que da al interior.

que pueden pasar al aire cuando éste se mueve. Las concentraciones de esporas en el aire dependen en gran medida del nivel de actividad que se dé en la casa, con concentraciones mayores si se están realizando trabajos o reparaciones en el edificio o cuando se limpia. Por ejemplo, cuando se pasa la aspiradora por las alfombras y moquetas se incrementa la cantidad de esporas de moho del aire. Y dichas esporas, una vez en suspensión, pueden estar flotando y, por tanto, ser inhaladas durante al menos una hora antes de volver a asentarse.

El aire acondicionado: ¿una ayuda o un estorbo?

En climas calurosos merece la pena plantearse la instalación de aire acondicionado (*véanse las páginas 58-59*), ya que, además de refrigerar el hogar, reduce la cantidad de alergenos del moho en el aire, al filtrar éste y reducir la humedad. El aire acondicionado también aporta otra ventaja: le permite reducir la cantidad de ventanas que deberá tener abiertas, limitando el número de esporas que entran en casa.

Así y todo, estos sistemas requieren un mantenimiento adecuado para evitar la formación de condensación en los serpentines de enfriamiento, y también es necesario eliminar del sistema toda agua estancada, pues de lo contrario se podría favorecer la proliferación de mohos (como el *Aspergillus* o el *Penicillium*). Si el moho logra establecerse, sus esporas se dispersan libremente gracias a la acción del aire acondicionado, un efecto que se ha asociado con niveles muy elevados de esporas micóticas en las casas.

La exposición a los alergenos del moho exterior

En el exterior, el nivel de esporas de moho en la atmósfera variará según la estación del año. Los niveles de recuento de esporas suelen variar: son muy ba-

jos durante los fríos meses invernales y elevados entre finales de verano y principios de otoño. Si bien las variaciones locales y regionales son muy frecuentes, las esporas más comunes se derivan de las especies *Cladasporium* y *Alternaria*, que crecen sobre vegetación en estado de putrefacción. Las reacciones alérgicas a las esporas de moho son menos frecuentes que las reacciones al polen de las gramíneas (*véanse las páginas 28-31*), pero cuando existe sensibilización estos alergenos ocasionan problemas similares (*véanse las páginas 16-17*), y produ-

Ducharse es un buen método para ahorrar agua, pero deberá tener cuidado de que en la bañera, la cortina o la mampara de la ducha no prolifere el moho.

cen estornudos, moqueo o nariz taponada (rinitis) y picor ocular y lagrimeo (conjuntivitis).

Dado que la frecuencia de las esporas de moho se verá incrementada cuando la temporada de polinización de las gramíneas se acerque a su fin, quienes padezcan de doble sensibilidad experimentarán, desgraciadamente, una larga temporada con fiebre del heno.

Diagnóstico y control

El diagnóstico de una enfermedad alérgica debe basarse en una cuidadosa historia clínica realizada por un especialista. En todo caso, usted deberá describirle todos los síntomas para que él pueda determinar si existe una afección alérgica o no y decidir el tratamiento más adecuado. Es importante, por ejemplo, tener claro en qué condiciones empeoran los síntomas, o cuáles son los factores desencadenantes, así como la frecuencia y la duración de los síntomas. De hecho, no todos los problemas, aun cuando puedan ser similares a los producidos por alergenos, son de naturaleza alérgica.

En el caso de los niños pequeños, la tendencia a sufrir alergia a los ácaros del polvo pasa por una respuesta afirmativa a las siguientes preguntas:

● ¿Estornuda su bebé al meterlo en la cama por la mañana?
● ¿Sufre su hijo a menudo de conjuntivitis y eccema?
● ¿Se *resfrió* y tosió su hijo al pasarlo a la cama *grande* y ha seguido respirando ruidosamente desde entonces?
● ¿Parece su hijo *resfriarse* cuando se queda en casa de familiares o amigos?
● ¿Ha dado usted positivo a los ácaros en la prueba cutánea?

Y, en el caso de adultos y niños mayores:
● ¿Estornuda, le pican las manos o la cara, o se queda sin aliento al hacer la cama y pasar la aspiradora?
● ¿Estornuda o siente opresión en el pecho por la mañana o en el momento de meterse en la cama por la noche?

● ¿Se despierta por la noche con un eccema pruriginoso, o moqueo o nariz taponada, y le cuesta dormir por las molestias?
● ¿Tiene asma nocturna?
● ¿Se siente mejor cuando está fuera de casa?
● ¿Desaparecen los síntomas cuando está de vacaciones en un clima cálido y seco y vuelven a aparecer poco después de volver a casa?
● ¿Empeoran los síntomas en otoño?

Si en su familia hay antecedentes alérgicos es probable que usted también sea propenso, y esto se puede comprobar averiguando si posee una elevada respuesta de la inmunoglobulina E (IgE) a determinados alergenos.

Las pruebas cutáneas de punción

La prueba alérgica más utilizada es la prueba cutánea de punción (*véase la fotografía inferior derecha*). Se basa en el hecho de que la IgE se enlaza a células especiales de la piel, denominadas células cebadas, y en que, cuando los alergenos entran en contacto con la IgE, esas células liberan sustancias químicas que producen un enrojecimiento de la piel con hinchazón y picor. El tamaño de la hinchazón refleja la virulencia de la reacción. Se pueden realizar de una vez numerosas pruebas a diferentes alergenos y los resultados aparecen en unos quince minutos.

Los análisis de sangre

Se puede analizar la IgE a partir de una muestra de sangre. El laboratorio comprobará después tanto los alergenos individuales como los múltiples. Las ventajas de un análisis de sangre son que éste no se ve influido por un tratamiento farmacológico y que se puede llevar a cabo en personas que padecen enfermedades cutáneas. Sus principales desventajas son su precio (los análisis son caros), y que los resultados no son instantáneos y puede que no sean tan exactos.

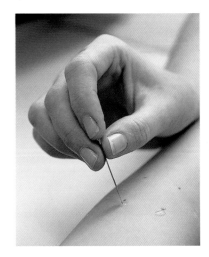

En una prueba de parche, se colocan muestras de alergenos en la piel y se dejan dos o tres días, transcurridos los cuales se comprueban para ver si se ha producido una reacción.

Se efectúa una prueba cutánea de punción rutinaria para comprobar la sensibilidad de un individuo a aeroalergenos y a alergenos de los alimentos. La reacción aparece a los 15 minutos.

Las pruebas de parche

En el diagnóstico de alergias por contacto (*véase la fotografía izquierda de la otra página*) se utiliza a menudo la prueba de parche. Existen varios tipos de alergenos por contacto que se aplican en la piel (a menudo, en la espalda), se sujetan bien y se dejan entre cuarenta y ocho y setenta y dos horas antes de examinarlas. Estas pruebas sólo las puede realizar un experto, ya que es importante distinguir una respuesta alérgica de una respuesta a un irritante.

Los tratamientos

Una vez efectuado el diagnóstico de la alergia, existen tres enfoques para el tratamiento, que se complementan entre sí pero que varían de afección en afección en cuanto a ventajas e importancia relativas. Estos tratamientos son la prevención de los alergenos, el tratamiento farmacológico y la terapia desensibilizadora.

La prevención de los alergenos

La base de todos los tratamientos para la alergia consiste en evitar los alergenos en la medida de lo posible, porque normalmente evitarlos conducirá a una me-

joría. Esto es evidente en la fiebre del heno estacional, ya que los síntomas desaparecen cuando finaliza la época de polinización. De forma similar, en clínicas ubicadas a una gran altitud, donde las condiciones no son favorables a los ácaros del polvo, han registrado claras mejorías en niños y adultos con asma provocado por ácaros. Cuando el problema es el asma alérgica profesional, y siempre y cuando se identifique la enfermedad con la suficiente antelación, al sacar al individuo del entorno agresor se logra también una mejoría. Además, las enfermedades cutáneas alérgicas, como la dermatitis por contacto, mejorarán cuando se identifique y evite el agente agresor. Por tanto, la clave para evitar los alergenos reside en un buen diagnóstico y en la identificación del alergeno inductor. El capítulo *Un hogar sin alergenos* (*véanse las páginas 48-128*) examina detalladamente los distintos alergenos en las diferentes habitaciones de la casa, y propone estrategias para reducir la exposición a los alergenos o para evitarlos en el entorno doméstico.

El tratamiento farmacológico

Para tratar algunas enfermedades como el asma, la rinitis, la conjuntivitis, la urticaria y el eccema, se pueden emplear diversos tratamientos a base de medicamentos que suprimen los síntomas o que eliminan la inflamación resultante de la exposición a los alergenos. Pero debe consultar con su médico todos estos tratamientos que, de hecho, no curan la alergia, sino que las afecciones alérgicas suelen volver al interrumpirlos. No obstante, si las personas que experimentan síntomas a diario los siguen con regularidad sí proporcionan un alivio muy eficaz. Los más habituales son los antihistamínicos.

Los antihistamínicos. Este tipo de medicamento se puede usar en los ojos (gotas), en la nariz (pulverizador) o por vía oral (en tabletas o líquido), y constituye uno de los principales tratamientos para la fiebre del heno leve, la rinitis perenne, la conjuntivitis, la urticaria y el angioedema simple (*véase la página 20*).

Los antihistamínicos, como su nombre indica, combaten los efectos de la histamina en el cuerpo. La histamina, una de las principales sustancias químicas liberadas como parte de una reacción alérgica, contribuye en gran medida al desarrollo de los síntomas. El medicamento actúa de diversas formas y, en el caso del tratamiento de las alergias, se utilizan antihistamínicos H_1. Este trata-

LA PLANIFICACIÓN DE ESTRATEGIAS

La base para el control de una afección alérgica es tratar de evitar el contacto con los alergenos. Es preferible a cualquier tratamiento de fármacos (farmacoterapia) o desensibilización (inmunoterapia). Con la alergia al polen (en especial, la fiebre del heno) es difícil, pero existen posibles medidas para limitar la exposición a los alergenos del polen (*véanse las páginas 28-31*). El diagnóstico de la clásica fiebre del heno se puede basar en una historia clínica, ya que el patrón temporal de los síntomas y sus aspectos estacionales pueden hacer que resulten innecesaria las pruebas. Pero con otras alergias, sobre todo las perennes, es importante efectuar pruebas para identificar las tendencias alérgicas. De nada serviría adoptar medidas contra el polvo doméstico para evitar un alergeno específico si la alergia a los ácaros del polvo no fuera el problema real. Por tanto, las pruebas de la alergia son necesarias antes de planificar estrategias para evitar los alergenos.

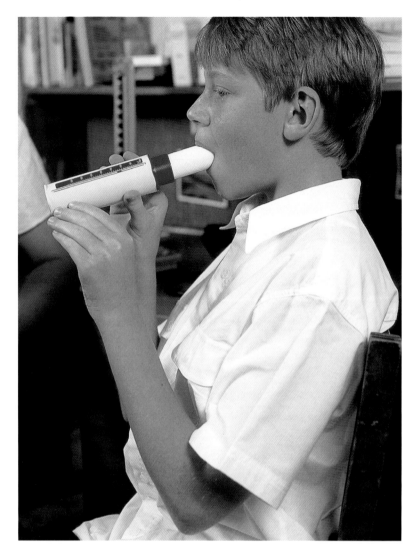

Efectuar un seguimiento de la evolución de las vías respiratorias de un asmático con un espirómetro es importante para el diagnóstico y para el control de la enfermedad.

miento reduce el prurito, la generación de secreciones (ojos llorosos o moqueo) y los estornudos, pero su efecto es menor en los síntomas obstructivos, como una nariz taponada. Asimismo, las afecciones asmáticas presentan una menor respuesta, por lo que, por regla general, los antihistamínicos H_1 no se utilizan para el asma.

Algunos de los antihistamínicos tienen un efecto sedante y otros no. Dado que los sedantes pueden tener efectos secundarios y limitar las actividades cotidianas, la capacidad para conducir y la concentración en el colegio o el trabajo, para aliviar los síntomas durante el día se recomienda utilizar antihistamínicos no sedantes en forma de tabletas.

Los antileucotrienos. Otra clase de fármacos que se pueden utilizar para combatir los síntomas de las alergias son los antileucotrienos, sustancias químicas que el cuerpo libera durante un episodio alérgico y otras reacciones inflamatorias. La introducción de antileucotrienos ensancha las vías respiratorias y mejora los síntomas del asma. Estos medicamentos también pueden modificar algunos aspectos de la inflamación subyacente en la vía respiratoria, si bien este efecto aún está siendo estudiado. Dado que los leu-

cotrienos sólo son una parte de la reacción alérgica, se está investigando un tratamiento que combina antileucotrienos y otros fármacos, como los antihistamínicos H_1, para comprobar si de este modo se consiguen mayores beneficios.

El tratamiento antiinflamatorio. El desarrollo de una inflamación alérgica es el origen del asma, la rinitis, la conjuntivitis y el eccema, y por ello, los medicamentos que suprimen esta inflamación constituyen el método más eficaz para aliviar los síntomas. Los principales fármacos antiinflamatorios son los corticosteroides, si bien también se utilizan el cromoglicato y el nedocromil. Los corticosteroides se administran por vía nasal, por las vías respiratorias, por vía oftálmica o cutánea en forma de pulverizador, aerosol inhalado, gotas, crema o pomada para el tratamiento de la rinitis, el asma, la conjuntivitis y el eccema respectivamente. Asimismo, se pueden administrar esteroides por vía oral para estas afecciones y para la urticaria, dependiendo de la gravedad. Son preferibles las aplicaciones tópicas e inhaladas, puesto que así se requieren dosis inferiores y cabe una menor preocupación por los posibles efectos secundarios derivados de un uso prolongado. Este tratamiento, de tipo preventivo o profiláctico, debe seguirse diariamente para suprimir la inflamación. Para aliviar los síntomas de forma inmediata se precisan otras formas de tratamiento.

El tratamiento de alivio. En general, el concepto *tratamiento de alivio* se utiliza para describir una medicación que toman quienes padecen de asma cuando necesitan relajar los músculos en torno a las vías respiratorias constreñidas por la inflamación, y de este modo facilitar la respiración. Los medicamentos que entran dentro de esta categoría se suelen administrar por inhalación (*véase la fotografía inferior*) más que por vía oral, para que el efecto sea más rápido. Los tipos de efecto rápido se utilizan como medicación siempre que un asmático no puede respirar, mientras que las variedades de acción prolongada, cuyo efecto dura doce horas, se utilizan con regularidad, dos veces al día o al irse a la cama, para evitar que se estrechen las vías respiratorias, y así aliviar los síntomas. Estos medicamentos deberían emplearse conjuntamente con un antiinflamatorio.

Los preparados a base de teofilina también están destinados a ensanchar las vías respiratorias y facilitar la respiración. La medicación se toma diariamente por vía oral como tratamiento de mantenimiento que minimice los síntomas. Las teofilinas se suelen usar como medicación adicional dentro de los tratamientos preventivos para quienes padecen de asma. Son medicamentos relativamente fuertes y no deben tomarse sin prescripción médica.

La inmunoterapia

La inmunoterapia implica la administración reiterada de inyecciones con dosis cada vez mayores de un alergeno al que uno esté sensibilizado. El objetivo consiste en alterar la respuesta del sistema inmunitario a dicho alergeno y reducir su respuesta a los alergenos agresores. Este tratamiento requiere un compromiso a largo plazo: se comienza con inyecciones cada una o dos semanas, y el tratamiento puede durar entre tres y cinco años. Dado que se pueden desencadenar reacciones graves en respuesta a estas inyecciones, sólo debería ponerlas un

Los inhaladores son un método habitual de administración de fármacos a las vías respiratorias para prevenir y aliviar los síntomas del asma.

alergólogo. Pero, si resulta positivo, este tratamiento es el único (aparte de evitar los alergenos) que puede alterar en esencia la respuesta alérgica. Ha demostrado ser muy eficaz para los alérgicos al polen, pero su éxito a la hora de combatir otras formas de alergia es limitado y variable.

En la actualidad se están estudiando métodos alternativos a la inyección de alergenos. De todas formas, y por lo que respecta a la idoneidad de que usted se someta a un tratamiento de inmunoterapia, deberá dejarse asesorar siempre por un especialista.

El control de la anafilaxia

La anafilaxia es una dolencia tan importante que la única base eficaz de

tratamiento es la identificación del agente agresor para, a continuación poderlo evitar de la forma más estricta posible. Es una enfermedad verdaderamente grave, de manera que, si por cualquier motivo, no se puede evitar la fuente agresora por completo, o si se produce una exposición accidental a ella, la persona alérgica tendrá que medicarse rápidamente. Quienes padecen de anafilaxia deberán ir provistos siempre de una inyección de adrenalina precargada para su autoadministración y saber perfectamente cómo utilizarla. Se trata del fármaco más importante para el control de la anafilaxia, hasta el punto de que su uso en el momento adecuado puede salvar la vida del paciente.

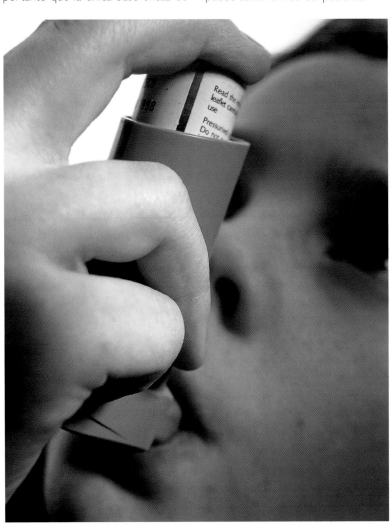

Un hogar
sin alergias

La calidad del aire en los espacios cerrados

Los alergenos de espacios cerrados provocan reacciones alérgicas como el asma, la rinitis y el eccema. Muchos de estos alergenos, como el epitelio de animales y las esporas de moho, flotan en el aire, mientras que otros, como los excrementos de los ácaros, se hallan en las alfombras, moquetas y ropa de cama, aunque si se los pone en movimiento se convierten también en aeroalergenos. Además, el aire de los edificios contiene otros contaminantes, como el dióxido de azufre emitido por los combustibles, que no causan alergias en sí mismos, pero que pueden empeorar los síntomas de las afecciones alérgicas.

Está demostrado que el aire de los espacios cerrados a menudo está más contaminado que el del exterior. De hecho, los niveles de algunos contaminantes pueden llegar a ser unas 20 o 30 veces mayores, lo cual es importante, pues la mayor parte de la gente pasa entre un 75% y un 90% de su tiempo en espacios cerrados. Algunos estudios encontraron:

- Alergeno de los ácaros del polvo
- Alergeno de la cucaracha
- Esporas de moho
- Epitelio de animales
- Polen
- Residuos derivados de la combustión, como monóxido de carbono, óxidos de nitrógeno y dióxido de azufre
- Humo de tabaco
- Sustancias químicas emitidas por reformas en la casa y por productos de limpieza domésticos
- Bacterias y virus
- Restos de metales
- Pesticidas

Los contaminantes: ¿alergenos o irritantes?

Algunos contaminantes de interior, como el epitelio de gato, son alergenos y, por tanto, causantes de síntomas alérgicos. El epitelio de gato, difícil de eliminar, se puede encontrar en un hogar incluso años después de que el animal haya vivido allí. Otros contaminantes, como los disolventes de pinturas, son en realidad irritantes, y pueden provocar o empeorar los síntomas alérgicos en algunos individuos que ya posean un umbral de tolerancia bajo.

La humedad elevada es otro factor que afecta a la calidad del aire. Cuando los niveles de humedad son elevados nos sentimos incómodos, como aletargados, pero si además la humedad persiste mucho tiempo afectará al mobiliario y a los aparatos eléctricos, y favorecerá la proliferación del moho y los ácaros del polvo.

Causas de la contaminación del aire en espacios cerrados

La contaminación del aire en los edificios es, en parte, el resultado de una ventilación escasa (*véanse las páginas 52-53*). Hoy en día instalamos en los hogares dobles acristalamientos, burletes y aislamientos para ahorrar energía. Además, la calefacción central ha sustituido a las chimeneas, y aunque las casas son más cálidas se ha perdido el efecto beneficioso de las chimeneas, que permitían la renovación del aire interior viciado al crear una corriente de aire fresco con el exterior.

En los hogares modernos hay numerosas sustancias químicas nocivas conteni-das en los productos de limpieza o en la composición de las alfombras, moquetas, prendas de vestir y mobiliario. Muchas de ellas van a parar al aire en pequeñas cantidades, a veces durante meses o incluso años, generando todo un abanico de contaminantes del aire interior. Por ejemplo, es más probable que las casas construidas en los años ochenta contengan mayores niveles del gas formaldehído (*véanse las páginas 68-69*) que las casas de construcción anterior, con menos mobiliario moderno de madera prensada (*véanse las páginas 70-71*). Otro importante grupo de contaminantes son los compuestos orgánicos volátiles (VOC), emitidos por numerosos productos del hogar y de limpieza (*véanse las páginas 68-69*).

Cómo mejorar la calidad del aire en los espacios cerrados

La ventilación es la clave para mejorar la calidad del aire en los espacios cerrados. Esto puede implicar la apertura de ventanas o la instalación de un extractor en la cocina y el baño, o la modernización del filtro de nuestro aire acondicionado. Una acción más completa podría incluir la instalación de un sistema de ventilación en toda la casa o en parte de ella (*véanse las páginas 56-57*). Incluso las decisiones que tomamos en lo relativo a la decoración y limpieza del hogar (*véanse las páginas 62-67*) repercuten en la calidad del aire.

La apertura de puertas y ventanas mejora la calidad del aire y beneficia a todos, no sólo a quienes padecen de alergias u otros trastornos respiratorios.

LA VENTILACIÓN Y LA HUMEDAD

Una buena ventilación implica eliminar el aire viciado de una casa y sustituirlo por otro menos contaminado procedente del exterior. Una de las principales funciones de la ventilación es eliminar el exceso de humedad (vapor de agua del aire), algo que una familia media produce en cantidades sorprendentemente elevadas (*véase el cuadro inferior*). Otras funciones son la supresión de contaminantes del aire interior, como los generados al cocinar; la sustitución del oxígeno necesario para respirar y la eliminación del dióxido de carbono expulsado con la respiración.

Los problemas de una ventilación deficiente pueden surgir cuando la gente trata de hacer las cosas bien y adopta determinadas medidas para ahorrar energía, como el aislamiento o los dobles acristalamientos, medidas que tapan algunas de las habituales vías del aire del hogar y reducen la ventilación. El resultado es la generación de elevados niveles de humedad y contaminantes.

¿Qué es la humedad?

El aire siempre contiene algo de agua en forma de vapor invisible, y la cantidad de agua contenida aumenta con la temperatura, de modo que el aire caliente puede contener más vapor de agua que el frío. No obstante, sea cual sea la temperatura, llega un punto en el que el aire no puede absorber más vapor y se dice que está saturado.

La humedad relativa nos da una idea de lo saturado que está el aire a una temperatura concreta y, de este modo, de cuánto vapor más puede absorber. Un aire con una humedad relativa de un 100% está completamente saturado y no puede absorber más vapor de agua, mientras que un aire con una humedad relativa de un 50% puede absorber dos veces más antes de alcanzar la saturación.

Un aire con una humedad relativa baja se nota seco y puede absorber mucho más vapor de agua que un aire con mayor humedad relativa. El aire seco no es nada bueno para los ácaros del polvo doméstico, ya que una humedad relativa baja hace que a los ácaros les resulte más difícil absorber la humedad que necesitan. Por tanto, los ácaros como el moho proliferan mejor con una humedad relativa elevada. Así, es más probable que la humedad se condense en superficies frías, como los alféizares de las ventanas, donde crecerá moho si no se elimina el agua. Una humedad relativa elevada persistente favorece también la emisión de sustancias químicas de productos del hogar.

Por otro lado, la humedad alta hace que nos entre una desagradable sensación de bochorno. El porcentaje

Fuentes de humedad en un hogar de cuatro miembros

Fuente	Humedad producida (litros)
Cuatro personas dormidas durante 8 horas	1–2
Dos personas activas durante 16 horas	1,5–3
Cocinar en 24 horas	2–4
Bañarse y fregar los platos en 24 horas	0,5–1
Lavar la ropa en 24 horas	0,5–1
Utilizar secadoras en 24 horas	3–7,5
Estufa de queroseno en 24 horas	1–2

Elimine la condensación para evitar la proliferación del moho y la podredumbre, o abra las ventanas hasta que desaparezca.

Causas habituales de humedad

Humedad ascendente	El agua sube desde el suelo debido a algún muro hidrófugo defectuoso o inexistente. En algunas situaciones, incluso si dicho muro se halla intacto, podría haber sido salvado por yeso o enlucido con estuco en el exterior del edificio.
Humedad penetrante	El agua se filtra a través de la pared si ha llovido de forma intensa. Esto se debe a menudo a un canalón o un tubo de bajada de aguas con fugas. Si la humedad aparece a baja altura, puede que se haya amontonado tierra contra la pared. Es más probable que la humedad penetrante afecte a paredes viejas y sólidas que a las modernas paredes dobles.
Condensación	El agua se condensa a partir del aire húmedo y se asienta en superficies o en rincones fríos de habitaciones poco caldeadas y escasamente ventiladas.

más aconsejable para las personas se sitúa entre un 40% y un 70% de humedad relativa, mientras que la tasa de reproducción de los ácaros del polvo doméstico se reduce cuando la humedad relativa es inferior al 70%.

Medidas básicas

Los siguientes consejos le ayudarán a reducir el nivel de humedad de su hogar:

Reduzca la humedad: identifique y combata las fuentes de humedad. Las principales causas son la humedad penetrante, la humedad ascendente y la condensación (*véase el cuadro superior*). No siempre es fácil diagnosticar las causas, y a veces ni los especialistas las encuentran, de modo que busque el asesoramiento de alguna empresa especializada.

Mejore el aislamiento: añadir aislamiento hará de su hogar un lugar más cálido y cómodo y abaratará su mantenimiento. Además, el aislamiento contribuirá a eliminar o reducir las zonas frías, lo cual a su vez hará bajar la condensación y la proliferación de moho unida a ella.

Los burletes: si convierte su hogar en un espacio más hermético ganará en comodidad y ahorrará energía. Las puertas

y ventanas con burletes constituyen un buen comienzo, pero existen otras formas de regular la cantidad de aire que circula por su hogar:

- A la hora de decorar su hogar, selle los huecos bajo los rodapiés, el borde de los marcos de las ventanas y bajo los alféizares
- Compruebe el techo en busca de los huecos por donde las tuberías suben hacia en el desván y coloque burletes alrededor de ellos
- Llene los huecos de las paredes exteriores con aislamiento, para detener las filtraciones de aire y reducir la pérdida de calor

Una vez resuelto el tema de la humedad, deberá prestar mayor atención a la ventilación, y asegurarse de que cuenta con la cantidad de aire necesaria en el lugar y en el momento adecuados.

Cómo crear una ventilación natural

Todos los hogares poseen cierto grado de ventilación natural. El viento sopla a través de espacios existentes en la estructura del edificio: por las paredes y los huecos de las ventanas, por debajo de las puertas, etcétera. Además, la ascensión natural del aire cálido y su salida por la

parte más alta de un edificio atrae aire fresco del exterior. Este efecto es conocido como *ventilación de chimenea*.

En los climas templados (con inviernos cálidos y húmedos y veranos calurosos y más secos), basta la ventilación natural para reducir la humedad y diluir los contaminantes interiores hasta niveles tolerables. Por tanto, debería dormir con las ventanas del dormitorio algo abiertas, o al menos abrirlas cuando se levante. Esto reducirá la humedad, sobre todo en invierno, introduciendo aire fresco, más frío, y contribuirá a reducir la población de ácaros, que necesita esa humedad.

Puede que no resulte recomendable dejar las ventanas abiertas por la noche si el clima frío induce síntomas de asma. En ese caso, airee bien la habitación en algún otro momento. Si padece alergia al polen (*véanse las páginas 28-31*), mantenga las ventanas cerradas por la noche durante la época de polinización y airee la habitación por la tarde, cuando el recuento polínico es más bajo.

Además, debería abrir siempre las ventanas del baño después de bañarse, y las de la cocina cuando esté cocinando, pero mantenga cerradas las puertas de estas habitaciones mientras esté utilizándolas para evitar que la humedad escape al resto de la casa.

CÓMO MEJORAR LA VENTILACIÓN

La ventilación natural tiene sus desventajas: en días de poco viento resulta escasa, en invierno el aire es demasiado frío como para que resulte agradable, y si se padece de fiebre del heno deberán cerrarse las ventanas durante la época de polinización. Los efectos de una ventilación inadecuada pueden fomentar el incremento de la humedad y mayores niveles de contaminantes interiores (*véanse las páginas 50-53*). Sin embargo, se pueden adoptar diversas medidas para mejorar la ventilación, como la incorporación de respiraderos en las ventanas que aumenten la entrada de aire, o de extractores en la cocina y el baño para eliminar la humedad. Otra alternativa es instalar un sistema de ventilación mecánica (*véanse las páginas 56-57*).

¿Sirve de ayuda un sistema de ventilación mecánica?

La respuesta a esta pregunta probablemente sea afirmativa. Entre las ventajas que aporta un sistema de ventilación mecánica pueden citarse una renovación continua del aire interior viciado al cambiarse por aire fresco exterior, unos niveles de contaminantes más bajos en el hogar y la opción de mantenerlo cerrado durante las épocas de máximo recuento polínico o de contaminación elevada. Aunque depende de los alergenos y los irritantes que le provoquen la alergia, es probable que tal sistema le merezca la pena aunque sólo sea por estas razones.

Una buena razón para considerar seriamente la instalación de este sistema es que refresca el aire de toda la casa, extrayendo el aire viciado y sustituyéndolo por aire fresco del exterior. Además, durante el invierno es probable que el sistema contribuya a reducir el número de ácaros del polvo doméstico gracias al

aire frío, que reduce la humedad relativa del interior de la vivienda.

Diversos estudios han sugerido que en los países en los que el frío intenso dura varios meses la ventilación mecánica puede hacer disminuir en gran medida el número de ácaros del polvo doméstico. Esto podría deberse al hecho de que el largo período de baja humedad relativa durante el invierno reduce de tal modo la población de ácaros que a ésta no le es posible recuperarse durante los meses de verano, más cálidos y húmedos. Y en los climas templados se ha demostrado que, pese a los inviernos más cortos y cálidos, un sistema de ventilación mecánica modera los niveles de alergenos de los ácaros en el hogar.

Si es usted sensible a los ácaros, deberá tener en cuenta que un sistema de ventilación mecánica sólo servirá de ayuda si forma parte de un programa general de control de los ácaros del polvo, con fundas protectoras antiácaros para la ropa de cama (*véanse las páginas 88-89*) y mobiliario y revestimientos para el suelo poco favorables a los ácaros (*véanse las páginas 70-71 y 63-64*).

Requisitos para una correcta ventilación

A la hora de hablar de la ventilación de su hogar debe tener en cuenta que cualquier medida que adopte tendrá que regirse por las normas modernas de construcción, pensadas para garantizar una ventilación suficiente que reduzca los daños de la condensación y favorezca una mejor calidad del aire interior.

En la mayoría de las casas debería bastar con seguir las pautas del paso 1 (*véase el cuadro anexo*), aunque usted quizá desee añadir un aparato de ventilación in-

---

POSIBLES MEJORAS

Para la mayor parte de los hogares bastaría con el paso 1, pero si algún miembro de su familia padece alergia, tenga en cuenta el paso 2. El paso 3 proporciona una excelente ventilación, pero deberá tener en cuenta el coste que supone.

Paso 1

- Instale extractores en la cocina y el baño e incorpore rejillas en los marcos de las ventanas de los dormitorios.
- Deje las ventanas del dormitorio abiertas salvo si el tiempo es muy frío o ventoso, para así garantizar el suministro de aire procedente del exterior.
- Incorpore un temporizador al extractor del baño y úselo siempre que se bañe o se duche. Conéctelo antes de abrir el grifo.

Paso 2

- Instale un aparato de ventilación individual en el dormitorio del asmático.

Paso 3

- Plantéese la instalación de un sistema de ventilación mecánica con posibilidad de recuperación del calor.
- Si no puede hacerlo, instale un sistema parcial solo para algunas habitaciones (*véase la página 57*).

---

dividual en el dormitorio de la persona que padece alergia (paso 2). El paso 3 sólo suele llevarse a cabo si se hacen reformas en la casa.

Cada una de las habitaciones de su casa debería contar con algún tipo de ventilación natural *rápida* y otra *de fondo*.

La ventilación rápida se puede conseguir abriendo una ventana, pero hay que tener en cuenta que algunos aseos y baños no tienen ventana alguna. En ese caso debería incorporarse un extractor (*véase más abajo*).

La ventilación de fondo se puede realizar a través de alguna pequeña abertura. En los hogares que cuentan con ventanas modernas, dicha abertura adopta la forma de una pequeña rejilla empotrada en el marco de la ventana. En otras casas quizá haya que instalar rejillas o cierres de seguridad que permitan dejar abiertas las ventanas sin problemas, teniendo cuidado de que no dejen entrar ni la lluvia ni a los ladrones.

La ventilación *por aspiración:* en habitaciones *húmedas* —como las cocinas, baños y lavaderos— se debería contar con algún método de extracción del aire, preferentemente un extractor, si bien en algunos países se emplean sistemas de ventilación pasiva (*véase la página 57*).

Los extractores o campanas

Los extractores o campanas modernos son una buena opción por su eficacia y falta de ruido. No obstante, deben descargar el aire en el exterior en lugar de hacerlo en espacios internos anexos, porque en caso contrario podrían aparecer problemas de condensación, moho o podredumbre. La mejor forma de colocar el extractor es hacerlo en una pared exterior, lejos de la puerta o la ventana de la habitación, que siempre deberían estar cerradas cuando el extractor esté funcionando, puesto que de lo contrario el aire que entre por ellas volverá a salir directamente por el extractor, dejando la estancia prácticamente sin ventilar. Algunos extractores cuentan con un dispositivo de control automático que aumenta su velocidad cuando la humedad de la estancia supera el nivel preestablecido. Si

los niveles de humedad son bajos, el extractor se apaga o funciona a baja velocidad. Para zonas húmedas, como el interior de la cabina de la ducha, existen extractores de bajo voltaje a prueba de salpicaduras. También se pueden instalar extractores para eliminar humos en los garajes, despachos y talleres .

Las calderas y los aparatos de calefacción

Los aparatos atmosféricos toman el aire que necesitan del interior de la casa. Por ello, la falta de aire puede provocar una combustión inapropiada, un incremento de la cantidad de monóxido de carbono y un mayor riesgo de que los residuos derivados de la combustión pasen a la habitación. Estos residuos causan síntomas como estornudos o tos en quienes padecen alergias

Sería bueno contar con un sistema de extracción del aire en estancias de mucha humedad, como la cocina. A menudo se hace instalando una campana sobre el fogón, con un respiradero abierto al exterior (véase la página 97).

respiratorias, pero también cabe el peligro de intoxicación por monóxido de carbono. Estos dos posibles problemas se evitan con la instalación de aparatos estancos, que toman el aire directamente del exterior y expelen todos los residuos de la combustión al exterior (*véanse las páginas 60-61*).

Además, no debería haber ningún extractor o campana de cocina en la misma habitación en la que se halle un aparato atmosférico, ya que la corriente de aire provocada por el extractor podría aspirar el aire y los residuos de combustión del tubo del aparato de calefacción y hacerlos entrar de nuevo.

LOS SISTEMAS DE VENTILACIÓN

La forma más completa de ventilación mecánica es la *ventilación mecánica con recuperación del calor* o MVHR (*véase el cuadro inferior*). Se instala con facilidad en casas que estén en fase de construcción o en las ya existentes de una sola planta. Los hogares con más de una planta pueden emplear también un sistema parcial.

Si desea sacarle todo el partido posible, su casa deberá contar con un buen aislamiento y ser razonablemente hermética, porque tiene poco sentido pagar por un moderno sistema si su casa está llena de corrientes de aire. La empresa que monte el sistema debería incluir burletes como parte del proceso de instalación.

Cómo funciona la MVHR

Este sistema incluye una unidad central que contiene un extractor de aire, un ventilador de entrada y un intercambiador de calor. Dicho sistema proporciona aire fresco por medio de la canalización de las entradas de aire a las salas de estar y dormitorios, a la vez que extrae el

Cómo instalar un sistema de MVHR

Dónde y cómo situar la unidad de recuperación del calor	• Elija un lugar, por lo general en el desván, próximo al centro de la casa. Normalmente, éste es el camino más corto (y menos costoso) para la canalización. • Asegúrese de que el lugar elegido es de fácil acceso, pues los ventiladores, los filtros y el intercambiador de calor necesitan una limpieza regular para obtener de ellos un rendimiento óptimo. • Tenga en cuenta los diseños que incluyen la unidad de recuperación del calor sobre la cocina, con campana incorporada. Esto facilita el acceso al ventilador y a los filtros. • No coloque los orificios de entrada y salida en una pared orientada al viento predominante. • Mantenga los orificios de entrada y de salida bien apartados para evitar la contaminación cruzada de corrientes de aire.
Cómo instalar la canalización	• Evite los ángulos muy cerrados en la canalización, para no reducir su eficacia. • Oculte la canalización dentro de armarios empotrados o en un rincón. • Si la unidad se encuentra en el desván, aísle los conductos entre la unidad y el punto por donde entran en el resto de la casa. Si la unidad se halla dentro de la zona habitada, aísle los conductos entre la unidad y el exterior.
Dónde y cómo ubicar los orificios de alimentación y los orificios de extracción	• Sitúe un orificio de alimentación en cada una de las habitaciones *secas*. • Evite los orificios de entrada y de salida en vestíbulos o descansillos. • Emplace los orificios de alimentación frente a las puertas para garantizar la corriente. • Si su casa dispone de estancias amplias, es preferible instalar un orificio de alimentación en cada extremo de la estancia.
Cómo proporcionar una renovación de aire adecuada	• La velocidad de renovación del aire depende del número de personas y del estilo de vida. • Si desea obtener los mejores resultados su hogar deberá ser lo más hermético posible. • Deje huecos en la parte inferior de las puertas interiores para que el aire circule. • Plantéese el funcionamiento continuo del sistema, sobre todo por la noche, ya que la noche es uno de los períodos más propicios para la condensación. • Si tiene alguna duda sobre cualquier aspecto, déjese asesorar por un profesional.
El mantenimiento	• Mantenga siempre limpios los sistemas de ventilación para evitar la recirculación de contaminantes y microorganismos procedentes de filtros o conductos obstruidos.

Características de los filtros de aire

Carbón vegetal activado	Es un carbón muy poroso con un tratamiento especial. Se trata de un filtro gaseoso que elimina la mayor parte de los compuestos orgánicos volátiles, excepto el formaldehído, por lo cual a veces se le añade alúmina activada, que sí es capaz de absorber el formaldehído.
Superficie aumentada	Se trata de un filtro particulado de fibra de vidrio o fibras de poliéster unidas mediante una resina sintética. Filtra numerosas partículas en suspensión y pólenes.
HEPA (aire particulado de alto rendimiento)	Es un filtro particulado de superficie aumentada muy potente, capaz de eliminar el 97% o más de diminutas partículas de tan sólo 0,3 micras. Estos filtros resultan necesarios si se desea eliminar el humo del aire, pero como el humo contiene tanto particulados como gases, también será preciso un filtro de carbón vegetal activado.
Electrostático	Se basa en capacidad de la electricidad estática para atrapar las partículas. Es un filtro particulado de plástico que a veces se puede incluso limpiar y volver a utilizar, y resulta un sistema eficaz a la hora de eliminar partículas grandes como el polen o las esporas de moho, pero no para las partículas inferiores a 6 micras.
Precipitador electrostático	En realidad, no es un filtro, ya que el aire no pasa a través de ningún tipo de material filtrante. Se conecta al sistema eléctrico de la casa y transmite carga negativa a partículas como el polvo, las esporas de moho y los granos de polen presentes en el aire, de modo que éstos son atraídos a una placa colectora con carga positiva. Dicha placa ha de ser lavada regularmente para que funcione con eficacia.

aire viciado de la cocina y el baño, expulsándolo al exterior. El aparato contiene un intercambiador de calor que garantiza que el aire cálido y viciado cede la mayor parte de su calor al aire que entra. El aire del exterior también es filtrado antes de que se disperse. De esta forma el salón y los dormitorios reciben un suministro continuo de aire fresco precalentado y filtrado, mientras que la humedad y los olores desaparecen de la cocina y el baño.

La elección de los filtros: el filtro de aire se limpia eliminando físicamente las sustancias que contiene. Los filtros pueden ser particulados (eliminan las partículas, como el moho, polen, polvo, bacterias y virus) o gaseosos (eliminan gases y vapores, como el monóxido de carbono y el formaldehído). También varían en cuanto al tipo de partículas o gases filtrados.

Asimismo, los filtros de aire se utilizan en sistemas de aire acondicionado y de calefacción por aire a presión, en unidades de filtración de aire (*véanse las páginas 58-59*) y en aspiradoras (*véanse las páginas 74-75*). Es conveniente limpiar y cambiar los filtros con regularidad para evitar la contaminación por bacterias y moho.

Los sistemas parciales

En una casa de varias plantas, un sistema de ventilación parcial puede mejorar la calidad del aire interior si el edificio cuenta con burletes eficaces. Este sistema proporciona aire a los dormitorios de la planta superior y extrae el aire del baño. Se complementa con una campana extractora de cocina en el piso inferior y también con una unidad individual de ventilación con recuperación del calor o entradas de aire para las salas de estar.

Las unidades individuales

Este sistema de ventilación combina un ventilador de alimentación, un extractor de aire y un intercambiador de calor en una solo aparato de fácil instalación. Ayuda a controlar la humedad y la calidad del aire en una habitación concreta.

La ventilación pasiva de chimenea

El aire cálido y húmedo asciende por conductos que van desde el techo de la cocina y el baño hasta el tejado. El aire fresco, que entra por las rejillas de los dormitorios, sustituye este aire viciado y cargado de humedad. La ventilación de chimenea no usa ventiladores, y se basa únicamente en el hecho de que el aire caliente tiende a subir. Lo mejor es instalarla cuando se esté construyendo la vivienda.

LOS APARATOS PORTÁTILES PARA MEJORAR LA CALIDAD DEL AIRE

Se suele decir que los aparatos de filtrado de aire y de los ionizadores son sistemas beneficiosos para quienes padecen alergias. Ahora bien, aunque diversos estudios han demostrado que los aparatos dotados de filtros HEPA (*véase la página 57*) pueden ser positivos para los asmáticos en combinación con fundas antiácaros para la ropa de cama (*véanse las páginas 88-89*), no existe prueba alguna de que los ionizadores reduzcan los síntomas alérgicos. Por su parte, los deshumidificadores y las aparatos de aire acondicionado pueden ser útiles a veces, pero los humidificadores pueden causar problemas a los alérgicos.

Los aparatos de filtración de aire

Funcionan atrapando los contaminantes a medida que el aire pasa por los filtros especiales de un ventilador (*véase la página 57*). Originalmente fueron diseñadas para eliminar contaminantes como el humo del tabaco en pequeñas áreas localizadas en las que el ruido de fondo camuflara el de la unidad filtrante. Existen ciertas dudas sobre su eficacia a la hora de eliminar el alergeno de los ácaros, debido probablemente al tipo de filtros utilizados. Diversos estudios han demostrado que si se usan con filtros HEPA sí mejoran los síntomas del asma empleados en combinación con ropa de cama antiácaros. Sin embargo, es importante dar prioridad al control de los ácaros eliminando alfombras y moquetas y mejorando la ventilación, es decir, medidas que contribuyan a disminuir la cantidad de polvo en el aire (*véanse las páginas 72-75*).

Si piensa adquirir un aparato de este tipo, decídase por el que cuente con el ventilador más potente y con un filtro HEPA. Otros factores importantes son el ruido que genera su funcionamiento y la frecuencia de cambio de los filtros.

Los deshumidificadores

Los deshumidificadores enfrían el aire, de modo que el exceso de humedad se condensa en un contenedor, que posteriormente será vaciado de forma automática o manual. Hay deshumidificadores para toda la casa que teóricamente reducen la humedad relativa del hogar por debajo del 50%. Por ello, es posible que incidan en una menor proliferación del moho y los ácaros. No obstante, en verano emiten un calor que puede calentar demasiado la casa, por lo que sería necesario contar también con aire acondicionado.

Los aparatos de pequeño tamaño pueden resultar útiles para secar una habitación inundada o recién enyesada, si bien es poco probable que mejoren la calidad del aire.

Humidificadores

Estos aparatos añaden humedad al aire, y dado que la actividad humana normal genera ya gran cantidad de vapor de agua (*véase la página 52*), por lo general no resulta muy sensato añadir más humedad. Desde el punto de vista de la salud, el

---

CÓMO SACAR EL MÁXIMO PARTIDO DE LOS IONIZADORES

Aunque hay quienes hablan de que los ionizadores mejoran los síntomas alérgicos, no hay ninguna prueba de ello. Es más, algunos modelos antiguos empeoraban los síntomas del asma en algunas personas, ya que la pequeña cantidad de ozono que producían irritaba las vías respiratorias. Los ionizadores resultan eficaces a la hora de eliminar partículas del aire como las esporas de moho, aunque su alcance es limitado. Las partículas eliminadas se depositan en las paredes o muebles, de donde pueden resultar difíciles de eliminar. Algunas personas cuelgan una cortina detrás para contribuir a atrapar la suciedad eliminada.

Si decide probar un ionizador, siga estos consejos:

- Coloque el ionizador en el borde de una superficie no metálica de fácil limpieza, bien alejado del suelo y de las paredes.
- Dirija el ionizador hacia el centro de la habitación, alejado de todo tipo de objetos.
- No limpie nunca el aparato con un producto limpiamuebles. En su lugar, utilice un paño húmedo bien escurrido.

Unidas a los iones emitidos por el ionizador, las esporas de moho, polen y polvo en suspensión son atraídas a las paredes o techos, dejando el aire más limpio.

Ha habido una enorme controversia con respecto a la posibilidad de que las plantas de interior actúen como filtros de aire. Estudios realizados en los años ochenta patrocinados por la NASA sugirieron que algunas plantas de interior eran eficaces a la hora de eliminar determinados compuestos orgánicos volátiles, como el formaldehído, del aire de los edificios.

Algunos investigadores afirmaron haber sido capaces de repetir estos experimentos con resultados positivos, mientras que otros no lo lograron. Después, durante estos últimos años, se han diseñado e instalado en edificios públicos algunos innovadores sistemas de purificación de aguas residuales y de aire basados en plantas. Con todo, estos sistemas de diseño ecológico para crear entornos interiores saludables aún están en mantillas. Queda por probar que se deban utilizar las plantas para mejorar el entorno doméstico en lo que respecta al moho, porque en todo caso, y al margen de su capacidad de limpieza del aire, las plantas aumentan la humedad.

aire seco suele ser mejor que el húmedo. La gente afirma a menudo que el aire se seca con la calefacción central, pero esto se debe a que la humedad relativa se ha visto reducida (*véase la página 52*), y no a que la calefacción central elimine la humedad del aire. Puede que utilizar un humidificador haga más agradable el ambiente, pero también favorece el moho y los ácaros del polvo. En su lugar, lo mejor es regular la calefacción. Además, los humidificadores contienen una reserva de agua que puede convertirse en caldo de cultivo de bacterias y moho. Aunque el aparato haya sido diseñado para matar estos microorganismos, es posible que junto con el aire humidificado se extienda moho alergénico muerto.

Se pueden usar los humidificadores para contribuir a mejorar determinados estados patológicos, como el crup, pero la inhalación de vapor es igual de eficaz.

Los aparatos de aire acondicionado

La mayor parte de los sistemas caseros de aire acondicionado simplemente refresca y recircula el aire dentro de su área de funcionamiento, y no proporciona necesariamente aire fresco del exterior. Lo más fácil es instalarlos en las ventanas. Por lo general, los aparatos independientes no cuentan con filtros de aire, mientras que los filtros que se suministran para los sistemas centrales de aire acondicionado han sido diseñados

sobre todo para proteger la unidad refrigerante, y por lo tanto necesitan mejoras si queremos que sean de utilidad a las personas alérgicas.

El mantenimiento regular de los aparatos independientes (y de las tuberías de los sistemas centrales) evita la acumulación de polvo y la contaminación por mohos y bacterias: mantener el aparato en funcionamiento treinta minutos después de desconectar la función de refrigeración colabora a secar el sistema y evitar el moho. Pueden ser de ayuda para quienes sufren con el polen, ya que se pueden mantener cerradas las ventanas. El aire acondicionado también reduce la humedad relativa, y contribuye a controlar el número de ácaros del polvo y la proliferación de moho.

La calefacción

Hace tan sólo una generación, todavía nos calentábamos junto a la cocina o frente a la chimenea, mientras el resto de la casa era mucho más frío. En la actualidad, los modernos sistemas de calefacción nos permiten mantener cualquier habitación cálida durante el invierno.

Pero las ventajas de nuestros sistemas de calefacción se pagan, porque el ambiente que crean resulta ideal para el ácaro del polvo doméstico (*véanse las páginas 36-37*). La casa más caldeada, una mayor humedad, más alfombras y moquetas y un mobiliario tapizado en tela han favorecido la expansión de la población de ácaros, especialmente en los dormitorios, donde pasamos alrededor de un tercio de nuestras vidas.

Al mismo tiempo, los burletes y aislamientos para conservar el calor han reducido drásticamente la ventilación (*véanse las páginas 52-57*), aumentando los niveles de gases contaminantes en los espacios cerrados, como los producidos por la quema de combustibles, a menudo denominados *residuos de com-*

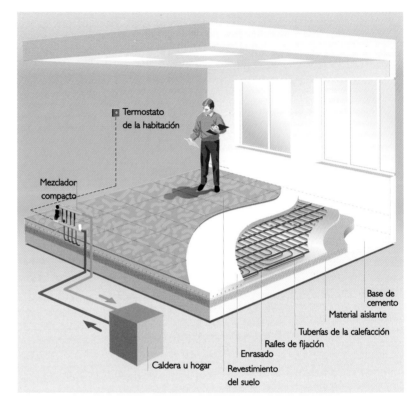

bustión (*véase el cuadro inferior*). Unos niveles elevados de estos gases, como el dióxido de azufre, pueden empeorar el estado de los asmáticos.

En la calefacción bajo el suelo se usa material aislante bajo las tuberías, y éstas se cubren con una fina capa de enrasado. El agua caliente de la caldera pasa a través de ellas a la temperatura seleccionada por el termostato.

Labels in figure: Termostato de la habitación; Mezclador compacto; Caldera u hogar; Base de cemento; Material aislante; Tuberías de la calefacción; Raíles de fijación; Enrasado; Revestimiento del suelo

LAS FUENTES Y LOS RESIDUOS DE LA COMBUSTIÓN

Todas las fuentes de combustión generan residuos, y si reducimos estas fuentes conseguiremos minimizar los niveles de gases resultantes.

FUENTES HABITUALES
- Fuegos por combustión de carbón
- Estufas de madera o chimeneas
- Cocinas de gas
- Secadoras de gas
- Calentadores de agua, hogares o calderas de gas y fuel-oil
- Estufas de gas butano o propano
- Estufas de queroseno
- Lámparas de aceite
- Velas y lamparillas de aromaterapia
- Humo del tabaco

RESIDUOS DE LA COMBUSTIÓN
- Agua
- Dióxido de nitrógeno
- Óxidos de nitrógeno
- Dióxido de azufre
- Cianuro de hidrógeno
- Monóxido de carbono
- Dióxido de carbono
- Formaldehído
- Hidrocarburos como el butano, el propano o el benceno
- Materia particulada

Los aparatos de combustión

Como resultado de la quema de combustible en cualquier aparato, resulta inevitable generar determinados residuos, como agua, partículas sólidas (particulados) y, dependiendo del combustible que se queme, diversos gases (*véase el cuadro izquierdo*). Si estos residuos son emitidos al aire pueden provocar estornudos, tos o incluso un ataque de asma en personas que padezcan rinitis o asma, y unos niveles elevados de óxido de nitrógeno podrían incrementar también el número de infecciones respiratorias en los niños. Los siguientes puntos le ayudarán a reducir en el hogar el nivel de residuos procedentes de la combustión:

- Reduzca al mínimo el número de aparatos de combustión
- Revise estos aparatos una vez al año
- Asegúrese de que las chimeneas y cañones funcionan adecuadamente
- Mantenga su hogar bien ventilado

Las calderas u hogares: las calderas estancas o los hogares se encuentran fuera de la habitación. Toman del exterior el aire que precisan para quemar su combustible, y allí devuelven los residuos del proceso. Éste sistema es el idóneo para un hogar sin alergenos. Otras calderas u hogares son atmosféricos (*véase la página 55*), por lo que, al estar abiertas a una habitación de la que toman el aire, puede que parte los residuos vuelvan allí.

Las estufas sin tubo: las estufas portátiles de gas propano líquido, queroseno o butano no tienen cabida en un hogar sin alergenos. Carecen de tubo, por lo que emiten residuos de combustión directamente al interior. Además, incrementan la humedad debido a la cantidad de agua que generan como resultado de la combustión. De forma similar, en un hogar sin alergenos tampoco debería haber estufas de convección de gas sin tubo.

Los métodos de calefacción

Si bien existen varios sistemas de calefacción para el hogar, todos ellos funciona por convección o por calor radiante. Los sistemas de calefacción por convección ponen en circulación aire caliente por la habitación, arrastrando con él las partículas de polvo que contienen alergenos. Por el contrario, la calefacción por calor radiante caldea el aire directamente, de modo que no levanta polvo. Por lo tanto, sería preferible ésta última, ya que evita los llamados

---

CÓMO REDUCIR LOS RESIDUOS DE LA COMBUSTIÓN

- Deje de fumar. Los niños que inhalan humo de tabaco de forma pasiva padecen un mayor número de infecciones respiratorias y problemas de asma. Si le resulta imposible dejarlo, disponga una *habitación de fumadores* bien ventilada, o equipada con un filtrador de aire o un extractor.
- Sustituya las chimeneas tradicionales o de gas por otras eléctricas.
- Compruebe que su chimenea funciona bien: es importante que exista un suministro adecuado de aire renovado para el que se consume durante la combustión.
- Cuando llegue el momento de sustituir la cocina de gas, plantéese la compra de una eléctrica.
- Si tiene que cocinar con gas, asegúrese de que la campana es lo suficientemente potente, y de que

ha sido instalada a la altura correcta.
- Considere la instalación de una caldera u hogar de gas o petróleo de alto rendimiento con una cámara de combustión estanca que expulse los residuos al exterior por un tubo de escape estanco.
- Revise las calderas y aparatos que quemen combustible una vez al año.
- No use estufas de gas embotellado (butano o propano) ni de queroseno, pues durante la combustión producen mucho vapor de agua y residuos, que son emitidos al aire interior.
- Abra respiraderos hacia el exterior para las secadoras de gas, o seque la ropa al aire libre si es posible.
- Use quemadores de incienso, velas o aceites de aromaterapia sólo en una habitación debidamente ventilada (*véanse las páginas 52-57*).

---

puntos fríos, y reduce la proliferación de moho y de los ácaros del polvo.

Los sistemas de calefacción por aire a presión: a estos sistemas les precede la mala reputación de levantar polvo, pero si pasamos la aspiradora con regularidad (*véanse las páginas 74-75*) el polvo no debiera causar muchos problemas. No olvide revisar y limpiar el sistema, sobre todo la canalización, para evitar la formación de polvo, moho y bacterias.

Los radiadores convencionales: siempre que pase la aspiradora con regularidad para evitar la acumulación de polvo, los radiadores convencionales, que suelen caldear por convección, pueden resultar satisfactorios para conseguir un hogar sin alergenos.

La calefacción bajo el suelo: en ella, el agua caldeada pasa a través de tuberías tendidas bajo el suelo (*véase el dibujo de*

la página izquierda). Suele ser de calor radiante, de modo que no levanta ni aire ni polvo. La calefacción bajo el suelo hace más agradables las superficies duras, como la madera, y puede que mantenga las alfombras y moquetas demasiado secas para los ácaros del polvo doméstico y el moho. Es mejor instalarla cuando se está construyendo la casa o cuando se está colocando el suelo como parte de una reforma. Por ejemplo, durante la ampliación de la vivienda.

Los zócalos radiantes: este método de calefacción por calor radiante se puede instalar en casas ya construidas. El zócalo normal, macizo, se sustituye por uno hueco que contiene o bien tuberías calentadas por agua y conectadas a una caldera o bien tubos calentados por electricidad. El zócalo caldeado irradia calor de forma homogénea por toda la estancia y no levanta polvo.

Los suelos y paredes

Las esporas de moho, el polen y otros contaminantes pasan dentro en los zapatos. Lo mejor es quitárselos en la casa para mantener fuera la suciedad y los alergenos.

En el hogar, las partículas alergénicas de tamaño microscópico se depositan en todo tipo de tejidos y superficies, no sólo en las horizontales, como los suelos, repisas y estanterías, sino también en las verticales, como las paredes. Dependiendo del tipo de revestimiento, los suelos son una de las principales reservas de alergenos. Si está decidido a mantener un hogar sin alergenos, las alfombras y moquetas pueden ponérselo difícil, porque no son fáciles de limpiar y proporcionan un entorno ideal a los ácaros del polvo (*véanse las páginas 36-37*), además de acumular suciedad y otros alergenos como las esporas de moho y polen.

Las moquetas

Hoy en día, las moquetas son una de las formas más frecuentes de revestimiento para el suelo, pero también pueden ser la menos saludable. Aunque muchos de los organismos micróscopicos que se cobijan en ellas no suponen ningún peligro para la salud, existen algunos —en particular los ácaros del polvo y las esporas de moho— que son importantes causas de alergias. Los niños son quienes más riesgos corren, pues como suelen arrastrarse y jugar se hallan mucho más expuestos a los alergenos y la suciedad.

Nada más instalar una moqueta nueva los ácaros del polvo y otros microorganismos, como las bacterias y mohos, se instalan ya en ella. Resulta inevitable que la suciedad del exterior llegue a la moqueta, depositándose en forma de restos de tierra, polen, epitelio de animales, productos de desecho de origen animal, residuos de pesticidas, esporas de moho, etcétera. Ésta es una buena razón para adoptar una política de *zapatos fuera* dentro de la casa, aplicable por igual a invitados y miembros de la familia.

Para muchas personas, la moqueta presenta numerosas ventajas en el hogar, como su comodidad y el aislamiento que da frente al ruido y la pérdida de calor. Si de verdad quiere tener moqueta, las de pelo corto son más fáciles de mantener limpias que las de pelo largo, e incluso tal vez sea conveniente plantearse adquirir una moqueta antialérgica (*véase el cuadro inferior*).

LAS MOQUETAS ANTIALÉRGICAS

Este tipo de moqueta está elaborado con fibras que contienen agentes antibacterianos y antifúngicos que inhiben el crecimiento de los ácaros, ya que no pueden digerir las escamas de piel a menos que primero las hayan descompuesto otras bacterias y hongos. Con esto deberían mejorar los síntomas alérgicos, pero no hay estudios que lo prueben. Es más cara que las otras y se halla disponible en diversas mezclas de tejido sintético y lana. El efecto antiácaros debería ser indefinido siempre y cuando se sigan las indicaciones del fabricante en cuanto a limpieza y cuidados. Debería limpiarse a menudo con una aspiradora o con un sistema de aspiración central con filtro HEPA, con el fin de reducir al máximo los alergenos de los ácaros presentes en el polvo doméstico.

La elección del entramado de base: el entramado de espuma de las moquetas sintéticas, especialmente de las que contienen poliéster, a menudo cuenta con un acabado de formaldehído (*véase la página 69*), que escapará a la atmósfera en niveles bastante elevados durante los primeros meses posteriores a su colocación. Si es el formaldehído lo que provoca su afección alérgica, elija un revestimiento que cuente con entramado de base de arpillera o fieltro, en lugar de espuma. Además, todas las moquetas con entramado de base de espuma deberán airearse bien cuando se instalan. Mantenga las ventanas abiertas siempre que sea posible para evitar la acumulación de gas formaldehído.

Las alfombras y esteras

Las alfombras de algodón, incluyendo las de chenilla, durrie (alfombras lisas, tejidas y sin pelo) y alfombras traperas, aportan calidez, amortiguan el ruido y dan un toque personal a nuestra casa. En general, son preferibles a la moqueta, ya que los ácaros del polvo doméstico y los agentes alergénicos se pueden eliminar con el lavado, pero han de fijarse de forma adecuada para que resulte seguro caminar por ellas. Lo ideal es que las alfombras de algodón no destiñan y se puedan lavar a máquina a una temperatura de 56°C o superior. De esta forma se matan los ácaros del polvo. También se pueden usar alfombras de lana, pero deberán lavarse en seco con regularidad para eliminar los ácaros del polvo y alergenos. Las alfombras de lana orientales pueden durar generaciones y pasar a ser objetos propios de herencia familiar. En este caso, la limpieza mediante vapor seco (*véase la página 93*) constituye una alternativa a la clásica limpieza en seco.

La durabilidad de las alfombras hechas de sisal, algas marinas y fibra de coco las convierte en un revestimiento de gran utilidad, aunque por desgracia también pueden albergar ácaros del polvo. Por ello, precisan una limpieza a conciencia cada pocos meses. Como alternativa, puede limitar su uso a pasillos y zonas de paso de la casa, para así sacar el máximo partido de su resistencia y no tener que controlar los ácaros. Además, entre dos lavados o limpiezas en seco deberemos pasar de forma regular (a diario o una vez por semana) la aspiradora o algún sistema de aspiración central con filtro HEPA (*véanse las páginas 74-75*).

Los suelos de superficie dura

Hay quien afirma que no resulta sensato eliminar las moquetas, puesto que atrapan grandes cantidades de polvo que de otro modo estaría circulando libremente por el aire. Sin embargo, los expertos recomiendan suelos de superficies duras, cuya simple limpieza rutinaria garantizará que el polvo no se acumule. Si decide conservar la moqueta en la sala de estar o en otras habitaciones, piense por contra en retirarlas de los dormitorios infantiles, ya que los niños pasan mucho tiempo durmiendo o jugando en ellos.

La elección de los materiales: existen diversas opciones, como las maderas duras, las baldosas de cerámica, el linóleo o el vinilo. Las baldosas de cerámica resultan especialmente adecuadas para las habitaciones *húmedas* de la casa —la cocina y el baño—, mientras que el linóleo y el vinilo, disponibles en una amplísima variedad de colores y diseños, se pueden instalar de forma rápida y fácil en cualquier estancia. Sin embargo, si emplea linóleo o vinilo en los baños y cocinas deberá secar con rapidez cualquier gota de agua que se·derrame, para impedir así que la humedad penetre en el material. El corcho es otra opción pero, salvo que sea corcho tratado, puede llenarse de ácaros. A su vez, los suelos de madera dura deberán estar también tratados si se van a emplear en la cocina o el baño.

La madera dura: los modernos suelos de madera dura a menudo se en-

Los suelos de superficie dura, como la madera laminada o maciza, constituyen la mejor opción para un hogar sin alergenos. Evite las superficies de madera acanalada, puesto que atrapan el polvo y resulta difícil mantenerlas limpias.

cuentran disponibles en forma de materiales laminados, formados al pegar una fina capa de madera dura a otra de madera contrachapada u otra base de madera artificial. En general, los adhesivos, tintes colorantes y otros acabados con base acuosa despiden menos olor y vapores (*véanse las páginas 68-69*) que los acabados con base de solvente. Los suelos laminados resultan más económicos que los de madera maciza pero, al contrario de lo que ocurre con la madera auténtica, no es posible acuchillarlos después ni darles un nuevo acabado. Entre los suelos de madera maciza, los más frecuentes son la tarima o el parqué.

El linóleo o el vinilo: son suelos muy frecuentes por su bajo coste, la facilidad de su instalación y la amplia gama de diseños y colores existentes. El de vinilo está realizado con plástico vinílico, principalmente cloruro de polivinilo (PVC). Cuando es nuevo, emite grandes cantidades de sustancias químicas, especialmente plastificadores. El linóleo, por su parte, está elaborado con ingredientes naturales, a base de aceite de linaza que, al principio, desprende un fuerte olor y puede provocar irritaciones respiratorias. Si está instalando cualquiera de estos materiales, abra las ventanas y airee la habitación unos días hasta que el olor desaparezca por completo.

Las baldosas de cerámica: existen varios tipos de baldosas de cerámica, aunque las más populares son las de mosaico, las no vidriadas, las vidriadas y las de pizarra. Se encuentran disponibles en diversos tamaños, colores y texturas para adaptarlas a diferentes estilos y situaciones. Las baldosas vidriadas cuentan con una superficie impermeable y no hay que tratarlas, pero las porosas no tratadas pueden albergar bacterias y otros microorganismos, y se pueden manchar con facilidad. Para que la limpieza resulte más sencilla, deberían tratarse siempre que se utilicen en cocinas y baños.

El enlechado entre las baldosas puede albergar moho si se agrieta o si está siempre húmedo, y la mayoría de los mohos alergénicos prefiere un entorno ácido, de modo que es mejor elegir un enlechado cuya composición química sea fuertemente alcalina.

El revestimiento de las paredes y ventanas

Existen numerosos tipos de revestimiento para las paredes que van desde el papel pintado hasta los paneles de madera, si bien unos son mejores que otros para conseguir un hogar sin alergenos.

El papel pintado: se trata de un método muy popular para decorar las paredes. Cambia totalmente el ambiente de una habitación y disimula defectos menores en la superficie de las paredes imperfectas. Es preferible el papel pintado liso y lavable, ya que el texturado presenta una mayor tendencia a atrapar el polvo. Es poco probable que la humedad constituya un problema detrás del papel, a menos

En este recibidor, la austeridad y las líneas sencillas de las paredes, suelos y demás superficies reducen los lugares en los que se puede acumular el polvo y facilitan su limpieza.

que la pared en sí sea lo bastante fría como para favorecer la condensación. Además, la mayor parte de las colas para papel pintado contiene fungicidas, que inhiben la proliferación de moho. Si usted es alérgico al moho, vigile la posible aparición de manchas y esporas al retirar el papel antiguo. Por otro lado, algunas personas desarrollan dermatitis alérgica al contacto con la carboximetilcelulosa de algunos engrudos para papel pintado, de modo que si es sensible a esta sustancia, debería usar guantes de protección.

La pintura: es la opción más recomendable para un hogar sin alergenos. La gama de colores es tan amplia que siempre encontrará el adecuado, y si no le gustan los colores lisos siempre puede probar con el estarcido, la imitación de madera o algún otro de los numerosos efectos pictóricos decorativos. No obstante, merece la pena elegir una buena marca, puesto que los disolventes que contienen algunas pueden provocar síntomas en quienes padezcan alergias (*véanse las páginas 66-67*).

El panelado de madera: recientemente, este sistema ha experimentado un resurgimiento por el renovado interés que despierta el estilo de decoración *shaker* norteamericano y por los estilos decorativos de la época victoriana. Desgraciadamente, los paneles en forma de chapa sobre un tablero de aglomerado, madera contrachapada o DM suelen estar hechos con colas que emiten formaldehído y, por tanto, no resultan recomendables para un hogar sin alergenos (*véanse las páginas 70-71*).

Las ventanas: la elección de los adornos de las ventanas repercutirá en los niveles de alergenos. No resulta recomendable utilizar cortinas pesadas, pues acumulan polvo y es difícil mantenerlas

limpias. Además, pueden actuar como lugar de reproducción de los ácaros del polvo. Las persianas de fácil limpieza constituyen la mejor opción, especialmente las de láminas de plástico o madera. Las persianas verticales acumulan menos polvo y son más fáciles de limpiar, pero las enrollables, de fácil limpieza, también son recomendables.

Los dobles acristalamientos previenen o reducen la condensación, disminuyen-

Las zonas de humedad tras el papel pintado pueden provocar la aparición de moho, pero muchas colas modernas contienen fungicidas que inhiben la proliferación de éste.

do así el potencial de proliferación de moho. Los modelos modernos incorporan también rejillas para permitir que entre aire con la ventana cerrada. De esta manera proporcionan ventilación de fondo y reducen la humedad, lo que a su vez ayuda a eliminar los ácaros y el moho.

Las mejoras en el hogar

Hasta los años sesenta la pauta de vida de la mayoría de la gente consistía en una larga semana laboral con escasas vacaciones y un tiempo limitado para las actividades de ocio. La situación fue cambiando en la siguiente generación, y hoy en día la familia dispone de más tiempo libre y mayor poder adquisitivo. Además, una de las mayores aficiones es todo lo relativo al hogar: su mantenimiento, decoración y mejora, lo que ha hecho proliferar la variedad de productos destinados a satisfacer la demanda del consumidor. Entre ellos se encuentran las modernas pinturas, colas y barnices, que cuentan entre sus ingredientes con disolventes orgánicos, como el aguarrás mineral. Por lo general, estos disolventes se evaporan rápidamente una vez expuestos al aire, por lo que se conocen como compuestos orgánicos volátiles o VOC (*véanse también las páginas 68-69*).

Las pinturas y barnices

Los vapores que despiden sus disolventes pueden actuar como sustancias irritantes —en particular, en quienes padezcan de rinitis o asma—, provocando síntomas como lagrimeo, estornudos o tos. En algunos casos, estas sustancias irritantes pueden incluso provocar un ataque de asma. Como regla general, cuanto mayor sea el contenido de VOC de un producto, más fuerte será su olor.

El contenido de los disolventes (VOC): las pinturas pueden tener una base oleosa o acuosa. La mayoría de las pinturas para paredes tiene una base acuosa, mientras que las de madera pueden tener cualquiera de las dos. No obstante, es mucho más probable que las pinturas con base oleosa causen problemas a quienes sufren de alergias, pues contienen concentraciones elevadas de disolvente, mucho mayores que las de base acuosa. Aunque parezca imposible, algunas pinturas oleosas pueden contener más de un 50% de disolvente y, a medida que la pintura se seca, los disolventes se evaporan, lo cual puede provocar una reacción irritante.

Los principales fabricantes de pintura recomiendan que quienes padezcan alergias respiratorias usen pinturas y barnices con base acuosa, pues no suelen oler mucho y se secan con mayor rapidez que las de base oleosa. Los productos con base acuosa están recomendados también para los exteriores.

La pintura de base acuosa huele menos que la de base oleosa por su menor contenido en disolventes. En todo caso, mantenga una ventilación adecuada mientras esté trabajando. Puede utilizar el cuadro derecho como guía.

Las pinturas alternativas: en algunas personas alérgicas incluso las pinturas con base acuosa pueden provocar reacciones, y otras sencillamente prefieren reducir al máximo su exposición a los VOC. Debe tener en cuenta que estos productos alternativos, si bien no se encuentran disponibles tan fácilmente como las pinturas clásicas, sí pueden ser localizados en empresas especializadas, que proporcionan una amplia gama de productos sin alergenos (*véase el cuadro derecho*).

Guía de pinturas alternativas

Composición	Ventajas	Desventajas
Con base proteica (basados en caseína, productos lácteos, hueso o cola)	● Sin VOC ● Inodoros o de escaso olor ● No alergénicos	● Sensibles a la humedad ● Adecuados sólo para usar en interiores ● No lavables ● Acabado mate únicamente ● No disponibles los esmaltes, barnices o pinturas para madera
Con base resinosa (basados en resina de madera y aceite vegetal)	● Olor agradable ● Amplia gama de pinturas y barnices ● Duraderos ● Lavables	● Base de disolvente que puede ser irritante, como la trementina o el aguarrás mineral ● Requiere buena ventilación
Con base resinosa (resinas sintéticas)	● Amplia gama de barnices y pinturas, como tintes para madera y esmaltes ● Bajo olor o inodoros ● Sin VOC ● Lavables ● Duraderos ● No alergénicos	● Compuestos de resinas sintéticas que, sin embargo, no contienen cloruro de vinilo (una sustancia que puede resultar dañina para el medio ambiente)
Con base caliza (encalado basado en cal más grasas de origen animal o vegetal)	● No alergénicos	● Suave película de polvo al secarse ● No lavables o limitadamente lavables ● Acabado mate únicamente ● No disponibles los esmaltes, barnices o pinturas para madera
Pintura a la piedra (basada en silicatos)	● Muy duradera ● Lavable ● Antifúngica, antialgácea ● No alergénica	● Acabado mate únicamente ● No disponibles esmaltes o barnices ● Suele usarse sólo en exteriores ● Mancha la ropa con el roce ● Alcalina (proteger la piel y los ojos) ● Elevada absorción de energía en la etapa de materia prima
Emulsiones al aceite (pinturas de látex basadas en aceite vegetal)	● Lavables ● Bastante duraderas en interiores ● No alergénicas por lo general	● Pueden contener VOC ● Amarillean con el tiempo ● Mejor usar sólo como acabado interior ● Por lo general, sólo acabado mate ● La pintura se puede separar en la lata ● Puede ser alergénica

Los conservadores de la madera

Existen muchos productos para proteger la madera de insectos o ataques de hongos. Muchos de ellos, sin embargo, tienen una base de disolvente y pueden ser peligrosos para quienes padezcan alergias. Manipule estos productos con cuidado, evite que toquen la piel y procure no inhalar sus vapores, pues pueden provocar irritación de la piel y membranas mucosas, dolores de cabeza, mareos y náuseas.

Siempre que sea posible, compre conservadores de la madera con base acuosa, con niveles mucho menores de VOC que los normales, olor menos fuerte y, además, menos irritantes para quienes sufran de trastornos respiratorios.

COMPUESTOS ORGÁNICOS VOLÁTILES

Estos compuestos, a los que se suele llamar VOC, son uno de los principales contaminantes del hogar. Contienen carbono, de ahí el término *orgánico,* y la facilidad con la que se evaporan a temperatura ambiente los convierte en *volátiles.* Presentes en numerosos productos domésticos, ha habido un gran debate acerca de sus efectos sobre la salud.. Si bien muchos expertos recomiendan mantener niveles bajos de VOC dentro de casa, aún se sigue cuestionando cuáles son concretamente los niveles seguros de muchas de estas sustancias. Los VOC no son alergenos, pero pueden actuar como sustancias irritantes en algunos alérgicos, provocando síntomas como estornudos, lagrimeo, opresión en el pecho o respiración sibilante. Para el resto de la gente no suponen un gran problema.

Fuentes de los VOC

Los VOC, en su gran mayoría, son sintéticos, derivados de productos petroquímicos, y se hallan en numerosos productos de uso en el hogar. Sin embargo, algunos se dan de forma natural, como por ejemplo la fragancia de una naranja o el vapor que desprende una cebolla al cortarla, que produce picor en los ojos.

Los VOC se pueden evaporar y dispersar a gran velocidad, como cuando se corta una naranja, o bien lentamente, a lo largo de muchos meses, como en el caso del mobiliario de madera prensada. Esta especie de filtración lenta contribuye a aumentar el nivel de VOC existente en nuestras casas.

Fuentes habituales de VOC domésticos

Fuentes domésticas	Comentarios	Soluciones
Pinturas y barnices	Las pinturas normales, sobre todo las esmaltadas, a menudo poseen fuertes olores y emiten elevados niveles de VOC mientras se secan. Contienen formaldehído en forma de conservadores, que seguirán saliendo una vez la pintura esté seca. Casi todos los decapantes de pintura tienen base de solvente y son potencialmente irritantes.	Asegúrese de que la zona que está pintando está bien ventilada, y manténgala así hasta que desaparezca el olor, o bien elija pinturas de escaso olor o ecológicas. Compruebe el tipo de conservador que incluyen. Existen decapantes y barnices de poliuretano de base acuosa, que desprenden menos olor.
Conservadores de madera	Son sustancias altamente tóxicas, a menudo disueltas en disolventes orgánicos.	Limite su uso a los brotes de carcoma o podredumbre confirmados. Elija productos de base acuosa, que desprenden menos olor.
Adhesivos	Muchos de estos productos emiten VOC y otras sustancias irritantes mientras se utilizan.	Plantéese el uso de productos de base acuosa, ya que contienen y emiten menos disolvente. Ventile bien mientras esté usándolos.
Productos de limpieza	Muchos de estos productos emiten VOC y otras sustancias irritantes mientras se utilizan	Redescubra los materiales de limpieza de épocas pasadas. Son la base de numerosas marcas comerciales y a menudo resultan más baratos y seguros (*véanse las páginas 76-77*).
Mobiliario de madera prensada y entarimado para suelos	Las colas utilizadas en los tableros de aglomerado contienen el VOC formaldehído. Las emisiones del mobiliario o del suelo elaborado con este material pueden continuar incluso durante varios años.	Plantéese usar madera maciza en armarios y estanterías, y entarimado de baja emisión en los suelos. Trate con pintura o barniz la madera prensada para evitar la emisión de formaldehído o use madera laminada de plástico.
Aislamiento	La espuma de urea-formaldehído (UFFI) se usaba en el pasado como aislamiento.	Es una fuente de formaldehído. Busque una solución alternativa (*véase la página 109*).

Boletín de páginas.

Cómo reducir los niveles de VOC

El primer paso, y el más importante, es asegurarse de que su hogar está bien ventilado, ya que esto evitará la acumulación de niveles excesivos de VOC en el aire que respira. Si aun así sigue creyendo que los VOC de determinados productos empeoran sus síntomas alérgicos, trate de evitar los productos responsables o busque alternativas (*véase el cuadro inferior*).

El formaldehído en el hogar

Es un VOC bastante común que últimamamentemente ha llamado la atención por la polémica sobre sus reper-

cusiones para la salud, ya que incluso concentraciones bajas en el aire pueden irritar los ojos, nariz y garganta, sobre todo en quienes padezcan rinitis o asma, y provocar lagrimeo, estornudos y tos. El formaldehído se encuentra en cantidades diminutas en muchos productos del hogar, pero la mayor parte contiene una cantidad demasiado escasa como para causar problemas a los alérgicos. Así y todo, algunos productos contienen formaldehído en elevadas concentraciones, liberándolo durante meses o, en ocasiones, durante años, aunque se trate de niveles muy bajos:

- Productos de madera contrachapada en suelos, estanterías o mobiliario desmontado en embalaje plano (*véase la página 71*)
- Moquetas y alfombras con entramado de espuma y refuerzos (*véanse las páginas 62-63*)
- Conservadores de la pintura (*véanse las páginas 66-67*)

En todo caso, el formaldehído emitido disminuye con el tiempo, y al cabo de algunas semanas se situará en niveles bajos, con lo cual no es probable que dé problemas a los alérgicos.

Fuentes domésticas	Comentarios	Soluciones
Moquetas nuevas y algunos suelos	El olor *a nuevo* de las moquetas y de los suelos de vinilo se debe a la emisión de VOC procedente de estos productos.	Ventile las moquetas nuevas y los suelos de vinilo para que se reduzcan el olor y la cantidad de VOC emitida. En su lugar, considere la instalación de suelos de superficie dura.
Productos para la higiene y el cuidado personal	Las fragancias usadas en perfumes y cosméticos pueden provocar síntomas como estornudos, respiración sibilante e irritación cutánea en algunas personas alérgicas.	Utilice productos sin perfume e hipoalergénicos (*véanse las páginas 77, 84 y 103*).
Materiales para actividades artísticas y de ocio	Muchos contienen disolventes que provocan irritación cuando tocan la piel o se inhalan.	Utilícelos en una zona bien ventilada o elija en su lugar productos de base acuosa.
Aerosoles	Desprenden elevadas concentraciones de VOC, causando síntomas respiratorios en algunas personas alérgicas.	Úselos en una zona bien ventilada, alejada de cualquiera que padezca asma. En la medida de lo posible, elija productos sin aerosoles.
Ambientadores	Los propelentes y conservadores de los ambientadores a presión pueden actuar como irritantes en las alergias respiratorias.	La ventilación o un aparato de filtrado reducen los olores (*véase la página 58*). Use productos naturales para absorberlos (*véase la página 85*).
Prendas lavadas en seco	Algunas sustancias químicas empleadas en la limpieza en seco son altamente irritantes.	Saque las prendas lavadas en seco al aire libre hasta que haya desaparecido el olor.
Tejidos que no precisan planchado, de fácil cuidado o resistentes a las arrugas	Estas características, que aparecen en las etiquetas de algunas prendas de vestir y ropa de cama, indican que los tejidos han sido tratados con un acabado que contiene formaldehído.	Hay personas sensibles al contenido en formaldehído de algunos de los tratamientos usados para las prendas de vestir y la ropa de cama. Los tejidos naturales no tratados, como el algodón sin blanquear, se encuentran disponibles en tiendas especializadas.

El mobiliario

La elección del mobiliario para su casa es una cuestión importante, porque su decisión repercutirá en el nivel de alergenos y sustancias irritantes del hogar.

El mobiliario tapizado en tela

La piel y el vinilo son buenos revestimientos para los muebles por su buena defensa frente a los ácaros, mientras que el mobiliario con tapicería de tela es poco recomendable. Plantéese sustituir estos tapizados por piel, vinilo u otros materiales de superficie dura como la madera o el plástico o, al menos, reducir la cantidad de muebles de este tipo de su hogar.

En el caso de la piel o el vinilo, basta con pasar un paño húmedo una vez por semana para limpiarlos de polvo y ácaros, pero esta limpieza en el mobiliario de tela resulta mucho más difícil. Para llevarla a cabo, o para neutralizar o eliminar los alergenos, se emplean diversas opciones que también resultan útiles para las moquetas y alfombras.

Los acaricidas: estas sustancias químicas para eliminar los ácaros penetran sólo en las capas más superficiales del tejido, por lo que aquellos ácaros que se encuentran debajo sobreviven, y su aler-

geno aún ha de ser eliminado pasando la aspiradora. El acaricida más investigado, el bencilbenzoato, puede persistir hasta un año después de haberlo aplicado, si bien la mayor parte de los estudios sugiere que debería volver a aplicarse varias veces al año. Un estudio apunta al hecho de que los acaricidas pueden reducir los síntomas de la rinitis causada por los ácaros, pero faltan pruebas que demuestren que son beneficiosos en otros aspectos. Y dado que no se han hecho estudios relativos a la seguridad a largo plazo en el hogar, tal vez no sea sensato utilizar acaricidas en las habitaciones infantiles.

El agente desnaturalizante: el ácido tánico altera la estructura (desnaturaliza) los alergenos como el polen y el epitelio de los animales o el alergeno de los ácaros, de modo que no vuelvan a provocar ninguna reacción alérgica. Hay que aplicarlo de tres a cuatro veces al año, pero puede decolorar las moquetas, alfombras y tejidos pálidos. Probablemente resulte inocuo para personas y animales.

El tratamiento por vapor: mata los ácaros que se hallan próximos a la superficie, si bien es probable que aquéllos que estén a mayor profundidad en las tapicerías y colchones no se vean afectados. Solicite una prueba de alguna fuente independiente de que el tratamiento con vapor es lo suficientemente caliente y duradero como para desnaturalizar el alergeno de los ácaros, ya que no todos los tratamientos lo son. El alergeno y los

Los muebles de madera de líneas sencillas y tapizados en piel facilitan enormemente el control de la alergia a los ácaros del polvo.

ácaros muertos se eliminan posteriormente con la aspiradora. Probablemente resulte necesario llevar a cabo una limpieza con vapor cada tres meses.

La aspiradora: las aspiradoras domésticas, como los modelos con filtros HEPA, no son suficientemente potentes como para eliminar de forma eficiente del mobiliario de tela los ácaros o sus alergenos adheridos a los tejidos, y tampoco justifican el esfuerzo realizado.

El tratamiento por calor: mata los ácaros y desnaturaliza su alergeno. El sofá, sillón o silla se humedece con una solución de ácido tánico y se calienta a unos 100°C dentro de una envoltura similar a una tienda de campaña. Los profesionales recomiendan un tratamiento al año. También resulta adecuado para colchones, ropa de cama, cojines y cortinas.

El nitrógeno líquido: mata los ácaros por congelación y desprende la suciedad que contiene alergenos, que después se puede eliminar con una aspiradora. Lo debe aplicar un profesional una o dos veces al año. No deja residuos químicos y resulta seguro.

El mobiliario de madera prensada

Entre las diversas formas de madera prensada se encuentran el tablero lami-

Las estanterías de cristal sobre escuadras de metal dan estilo y consiguen efectos luminosos y originales, pero las estanterías deben tener puertas de cristal para no acumular polvo.

nado, el aglomerado, el contrachapado y el tablero de densidad media (DM). Se utilizan a menudo en suelos, techados, estanterías y muebles, y están formados por componentes de madera unidos con cola o resina elaborada con formaldehído, un gas incoloro y acre, si bien algunos, como el DM, contienen niveles mucho mayores que otros. La cantidad de formaldehído emitida es mayor cuando el producto es nuevo, durante las primeras semanas o incluso durante meses, pero va disminuyendo de forma gradual.

Cómo elegir mobiliario nuevo

Casi todos los muebles de madera modernos fabricados en serie, incluso los que cuentan con la etiqueta de «madera maciza», contienen madera prensada. Esto incluye los muebles chapados, en los cuales una fina capa de madera cubre un armazón de tablero más económico. A la hora de adquirir mobiliario nuevo de madera prensada, como muebles de cocina o armarios para el baño, trate de elegir

muebles realizados a partir de tableros revestidos de láminas plásticas, para así reducir las emisiones de formaldehído. Además, merece la pena airear los productos nuevos durante una o dos semanas, en un lugar seco y bien cubiertos para que no se comben.

Vigile las áreas expuestas de tablero en las que el laminado no haya cubierto el armazón, porque son las zonas que emiten más formaldehído. Algunos expertos opinan que dar varias capas de pintura o barniz a los tableros expuestos reduce también las emisiones. Por último, tal vez deba plantearse usar el mobiliario de madera maciza, aunque el coste sea superior. La madera blanda, el metal y el cristal se pueden usar en las estanterías, aunque para algunas personas los vapores de terpeno desprendidos por las maderas blandas empeoran también sus síntomas alérgicos.

CONSEJO

Cuando use tableros para reformar su hogar, asegúrese de que la zona de trabajo está bien ventilada. Si es posible, trabaje al aire libre y lleve una mascarilla facial antipolvo al serrar el material. Saque el tablero al aire libre, cubierto, durante al menos una semana antes de trabajar con él, y use pintura o barniz para tratarlo y así evitar la emisión de formaldehído.

La limpieza del hogar

El polvo color gris claro que se deposita en las casas consta principalmente de escamas de piel muerta que se desprenden del cuerpo humano, ya que la piel se renueva continuamente. Además de las escamas, el polvo contiene fibras, partículas resultantes de la contaminación, polen, epitelio de animales (escamas de piel y saliva) y microorganismos como esporas de moho, bacterias y, por supuesto, los omnipresentes ácaros del polvo y sus desechos fecales alergénicos. Dado que el polvo está compuesto sobre todo por escamas de piel (la comida preferida de los ácaros del polvo), tiende a acumularse en las partes más frecuentes de la casa, especialmente en las camas, moquetas, alfombras y muebles de tela. Estos lugares también atrapan la humedad y el calor, proporcionando el entorno ideal para la reproducción de estas diminutas criaturas.

Por lo tanto, el polvo es una poderosa fuente de alergenos, sobre todo de los alergenos del ácaro, pero también, en menor medida, de polen, moho y alergenos de animales. En el caso de individuos sensibles al alergeno del ácaro, es posible que un hogar con polvo influya decisivamente en su afección alérgica.

Es probable que, cuanto mayor sea la sensibilidad al alergeno del ácaro, más eficaces sean las medidas destinadas a evitar el polvo y eliminar estos ácaros, pero el alergeno del ácaro no es la única causa de síntomas alérgicos. Por tanto, es importante consultar al médico antes de adquirir productos destinados específicamente a la reducción del alergeno del ácaro del polvo, como aspiradoras con filtro HEPA *(véanse las páginas 74-75)* o fundas protectoras antiácaros para las camas y la ropa de cama *(véanse las páginas 82-83)*. Por otro lado, el esfuerzo que deberá hacer para eliminar el polvo de su hogar dependerá de la gravedad de los síntomas alérgicos que experimente. Sin embargo, y siendo realistas, la mayoría de nosotros dispone sólo de un tiempo limitado para limpiar, de modo que es mejor centrar sus esfuerzos en las habitaciones que más utilice la persona alérgica. En general, el dormitorio es la estancia más importante que debe mantener sin polvo ni ácaros.

Cómo reducir el número de objetos

Uno de los pasos más importantes que puede dar para reducir su alergia es eliminar la profusión de objetos de su hogar. El sentido común nos dice que los objetos acumulan polvo, así que decídase a deshacerse de unos cuantos, curiosidades o trastos, que no aprecie de verdad. Tómese su tiempo y recorra toda la casa, habitación por habitación. Propóngase eliminar objetos para poder limpiar fácilmente el polvo que se acumula en las superficies. Los que decida mantener puede guardarlos en vitrinas, y meter los libros en estanterías con puertas de cristal. Asimismo, libere su casa de objetos de mayor tamaño que no desee, como esa mecedora que en realidad nunca le gustó o esos cojines del sofá que siempre aparta antes de sentarse.

Limpieza del polvo

Evite los plumeros, que más que eliminar el polvo lo levantan por el aire, donde es posible que lo respiremos o que nos irrite los ojos o las membranas mucosas de la nariz. Ese polvo permanece en el aire durante varias horas antes de volver a depositarse, con el consiguiente problema para las personas sensibles al alergeno del ácaro del polvo. En su lugar, es mejor utilizar un paño ligeramente humedecido, no mojado. También son útiles los paños que atraen el polvo (electrostáticos), o bien alguna aspiradora equipada con un accesorio específico para esas superficies.

Resulta más fácil mantener sin polvo las superficies despejadas. Éste contiene alergenos como los desechos de ácaros, esporas de moho y polen, y contaminantes en partículas.

REFORMAS EN UNA HABITACIÓN

Si piensa redecorar una habitación o comprar nuevo mobiliario para el hogar, plantéese lo siguiente:

- ¿Será fácil limpiar el polvo de la habitación? Los diseños sencillos acumulan menos polvo y es más sencillo mantenerlos limpios que los complicados. Esto también se puede aplicar a los demás elementos: desde los cabeceros de las camas y las cortinas hasta las estanterías, adornos e iluminación.
- Si va a sustituir una moqueta, instale un suelo duro y alfombras de algodón lavables. Las moquetas son una importante reserva de ácaros del polvo y mohos.
- No sólo las superficies horizontales acumulan polvo, también las paredes. Elija pintura lavable o papel pintado no texturado.
- Evite las molduras ornadas, zócalos y las unidades de iluminación.
- La parte superior de los armarios y las estanterías abiertas son conocidas fuentes de polvo, así que constrúyalos hasta el techo y ponga puertas a las estanterías.

LAS ASPIRADORAS

Pasar la aspiradora puede ser muy positivo, pero sólo sirve de ayuda si forma parte de un plan específico de reducción de los ácaros. Si decide mantener en la casa las moquetas, alfombras, tapicerías, visillos y cortinas o los colchones no protegidos, deberá pasar la aspiradora a diario para tener controlados los ácaros. Pero, incluso así, la aspiradora no basta para reducir los síntomas alérgicos. También serán necesarias otras medidas, como las fundas protectoras antiácaros para la ropa de cama (*véanse las páginas 82-83*).

Existen dos tipos importantes de sistemas de aspiración: los aparatos autónomos o portátiles y los sistemas de aspiración centrales. Entre los primeros, algunos utilizan bolsas, mientras que otros carecen de éstas y depositan el polvo en un receptáculo que hay que vaciar regularmente. Las aspiradoras levantan algo de polvo mientras están funcionando, así que tal vez deberá utilizar una mascarilla si desarrolla síntomas alérgicos (estornudos u opresión en el pecho) mientras está pasando la aspiradora.

Las aspiradoras convencionales

Succionan el aire y lo hacen pasar por una bolsa filtrante antes de bombearlo nuevamente a la habitación. La bolsa recoge únicamente las partículas de polvo de mayor tamaño, devolviendo el resto, entre ellas los alergenos, a la habitación. Una posibilidad es emplear bolsas filtrantes de mayor calidad en lugar de las clásicas, disponibles para muchas marcas de aparatos, y que sí atrapan las partículas pequeñas de polvo con mayor eficacia. No obstante, a menos que se trate de filtros HEPA, capaces de filtrar el alergeno del ácaro y el epitelio de gato, no serán eficaces para todas las afecciones alérgicas. Antes de comprar nada, compruebe que su aspiradora es lo suficientemente potente como para succionar el aire a través del espeso tamiz de una bolsa HEPA.

Aspiradoras con filtro HEPA

Muchas aspiradoras modernas vienen equipadas con filtros HEPA —filtros especiales que atrapan casi el 100% del alergeno del ácaro, el polen y el epitelio de gato—, la mayor parte de las cuales son adecuadas para las personas alérgicas. Algunos de estos modelos son caros, así que pídale consejo a su médico, asociación de alergología u organización de consumidores antes de decidirse por el modelo que más le convenga. Incluso las aspiradoras con filtro HEPA levantan algo de polvo cuando se encuentran en funcionamiento, pero la succión en torno a la cara externa de sus escobillas produce un número mucho menor de partículas en suspensión que las aspiradoras convencionales. Además, las escobillas gi-

La manguera de una aspiradora central se conecta a través de tomas situadas en la pared a una canalización oculta, que succiona todo el polvo y lo manda a un contenedor externo.

CÓMO ELEGIR Y UTILIZAR UNA ASPIRADORA

- No pase nunca la aspiradora justo antes de irse a la cama: respirará el polvo revuelto mientras duerme.
- Consulte informes independientes para asegurarse de que la aspiradora es capaz de atrapar grandes cantidades de polvo y retenerlas sin expulsar una parte nuevamente a la habitación.
- El polvo ha de acumularse en un receptáculo que pueda vaciarse sin que cause problemas al alérgico.
- Asegúrese de que el aparato se puede mover y levantar fácilmente.
- Averigüe en organizaciones de consumidores o en una asociación de alergología si recomiendan alguna marca en particular.

- Recuerde sumar el coste de los filtros de repuesto.
- Asegúrese de que el aparato es lo suficientemente potente como para limpiar la suciedad de los tapizados. No obstante, resulta difícil eliminar los ácaros de los tejidos de forma eficaz, incluso con aspiradoras de mayor vataje.
- Algunas características útiles son: selección automática de superficie (se ajusta a la altura de moqueta o alfombra y a diferentes suelos) o cabezales intercambiables, potencia de succión variable para distintos materiales (cortinas o alfombras) y un cabezal turbo (para alfombras de pelo cortado).

El funcionamiento y mantenimiento de las aspiradoras centrales es sencillo, sobre todo porque todo lo que ha de llevar por la casa es una manguera que no pesa mucho. La bolsa o el cubo captador del polvo de los aparatos domésticos ha de vaciarse cada 6 o 12 meses, si bien se trata de una operación que no debería efectuar alguien alérgico. Por otro lado, la mayor parte de las aspiradoras centrales tiene respiraderos, por lo que son preferibles para quienes padezcan de alergias, pues el aire que entra en la aspiradora va a parar directamente fuera, eliminando así cualquier posibilidad de que los indeseados alergenos vuelvan a la casa.

Las aspiradoras centrales se pueden incorporar con bastante facilidad a una casa ya construida. En lugar de recorrer el interior de las paredes, la canalización que conecta las tomas se suele construir en el interior de un armario (a menudo, alguno que se encuentre bajo la escalera). Para la mayoría de los hogares sólo se precisa una toma por cada piso, ya que la longitud de la manguera (unos 30 metros) suele bastar para toda la casa si las tomas se sitúan cerca del centro de la misma.

ratorias (como las utilizadas en los «cabezales turbo») son más eficaces para atrapar los alergenos de moquetas o alfombras de pelo cortado.

Las aspiradoras ciclónicas

Estos aparatos sin bolsa utilizan una corriente de aire centrífuga para recoger polvo y depositarlo en un receptáculo. También utilizan filtros HEPA que impiden al polvo volver a la habitación pero, dado que no aíslan el polvo como los aparatos que emplean bolsas filtrantes, puede que resulte complicado vaciar el compartimento sin respirar el polvo o sin que parte de él pase a la ropa y a la piel.

Las aspiradoras con filtro de agua

Estos aparatos succionan el aire cargado de polvo y lo hacen pasar por un depósito de agua, donde el polvo y los alergenos, solubles en agua, quedan atrapados. Existe la preocupación de que algunas marcas de aspiradoras desprendan partículas de polvo en forma de materia pulverizada, y de que el depósito de agua en sí se pueda contaminar con moho, a me-

nos que se vacíe y se seque perfectamente cada vez que se utilice.

Las aspiradoras centrales

Los sistemas de aspiración de este tipo, que ya gozan de gran popularidad en algunos países, consisten en un aparato de succión y una bolsa o un cubo de captación del polvo ubicado en el sótano, el garaje o algún armario colocado bajo la escalera. Para utilizar el sistema es preciso enchufar una manguera larga y flexible a alguna de las tomas estratégicamente situadas por la casa. Entonces el polvo es transportado a través de una estrecha canalización oculta en la estructura del edificio hasta la bolsa o cubo de captación. Dado que la unidad motriz y el receptáculo del polvo son fijos, pueden ser mucho mayores y por ello proporcionar una succión más potente que cualquier aspiradora portátil.

El diseño de algunas bolsas de las aspiradoras hace posible el aislamiento del polvo y los alergenos. Éstos son los modelos más apropiados para los alérgicos.

LOS PRODUCTOS DE LIMPIEZA

Muchos productos de limpieza de uso común —sobre todo aerosoles como los limpiamuebles, que dispersan una fina nube en el aire— despiden disolventes u otras sustancias químicas que podrían provocar síntomas en quienes padezcan de alergias respiratorias. Además, a veces contienen fragancias irritantes que las personas sensibles deberían evitar.

Las personas que sufran de alergias cutáneas por contacto hallarán irritantes muchos otros productos, y por ello deberán protegerse las manos siempre que utilicen materiales de limpieza. Es mucho más probable que quienes hayan padecido de eccema en la infancia desarrollen dermatitis irritativa en las manos, si bien cualquiera puede tener problemas si se expone a determinadas sustancias durante un espacio de tiempo prolongado. Resulta habitual, por ejemplo, que los padres primerizos desarrollen dermatitis

LOS GUANTES

Tanto si tiene una piel sensible como si no, lleve siempre guantes protectores cuando utilice sustancias que contengan posibles irritantes, como los detergentes o los productos de limpieza. Piense que la dermatitis irritativa por contacto la puede desarrollar cualquiera que presente una exposición continuada. Los guantes de goma habituales suelen ser de látex, y pueden contar con un revestimiento de algodón o de suave forro. Algunas personas son alérgicas al látex de los guantes (*véanse las páginas 22-23*) o al polvo de su interior que facilita ponérselos. Para ellas, existen guantes especiales destinados a personas sensibles al látex. Las personas de piel sensible deberán utilizar guantes de polietileno.

irritativa en las manos, por el contacto con sustancias químicas fuertes como los fluidos esterilizadores o las soluciones para pañales.

Los productos de limpieza

No dé por sentado que las etiquetas del tipo «ecológicamente seguro» o «ecológico» impliquen que el contenido es necesariamente adecuado para quienes padecen de alergias. Puede que estos términos simplemente indiquen que el embalaje es reciclable o biodegradable, o que el contenido está concentrado y requiere un paquete menor. Esa proliferación de etiquetas se debe a que se está produciendo, frente a los productos del hogar con base química, un creciente interés por los métodos de limpieza tradicionales que emplean materiales como el bicarbonato de sosa, la sal común y el vinagre (*véase la bibliografía de la página 137*). Infórmese siempre de lo que compra y, si los productos químicos le causan problemas, considere la opción de los tradicionales.

La limpieza de las prendas de vestir

Por lo que respecta a la colada, los alérgicos deberán tener en cuenta dos cuestiones de importancia: la primera tiene que ver con los síntomas (respiratorios o cutáneos) que empeoran al entrar en contacto con el alergeno del ácaro; y la segunda, con el eccema, la dermatitis o la urticaria que provocan o empeoran algunos productos utilizados para lavar.

Los ácaros del polvo pueden sobrevivir a temperaturas de lavado de hasta 56°C. Si bien el alergeno del ácaro se elimina lavando a temperaturas inferiores, los ácaros en sí se aferrarán al tejido utilizando las ventosas de sus patas. Ésta es la razón por la cual toda la ropa de cama

(sábanas, fundas de almohadas y de edredones) debería ser de algodón, un material lavable a las temperaturas necesarias para matar los ácaros. Otra alternativa, si se lava a una temperatura inferior, consiste en agregar una solución diluida de bencilbenzoato al agua utilizada para lavar la ropa de cama. El bencilbenzoato mata los ácaros, que a continuación son eliminados junto con el alergeno. Asegúrese de seguir las recomendaciones del fabricante en lo relativo a las cantidades que hay que utilizar.

Por lo general, al bencilbenzoato se le considera seguro, pero es poco lo que se sabe acerca de sus efectos cuando se utiliza a largo plazo como acaricida. Si lo usa para la limpieza de ropa de cama o de prendas de vestir, tal vez sea adecuado programar la lavadora para que realice algunos aclarados adicionales. Otra alternativa es sustituir la ropa de cama por sábanas de algodón y reservar el bencilbenzoato para artículos tales como las cortinas, que no entran en contacto estrecho y constante con la piel.

La mayor parte de los alérgicos descubre cuál es el producto de lavado que mejor se adapta a su afección cutánea mediante un proceso de prueba y error. Sea cual fuere, procure no utilizar demasiado estos productos y aclare a conciencia para evitar cualquier residuo potencialmente irritante. Si se halla probando con distintos productos para averiguar cuáles son los más adecuados, no olvide aclarar perfectamente la lavadora para eliminar todos los restos del anterior. También resulta sensato probar cualquier producto nuevo en una o dos prendas únicamente, sobre todo si la piel de la persona alérgica es muy sensible.

Los productos biológicos contienen enzimas capaces de descomponer las

Los emolientes utilizados para el eccema dejan una película de grasa que pudre las juntas de goma de las lavadoras. Para eliminarla, conecte la lavadora vacía a una temperatura caliente añadiendo una taza de bicarbonato de soda.

vado es poco habitual, pero si ése fuera su caso, pruebe a utilizar una cucharada de sosa de lavar, de bicarbonato sódico o de bórax por lavadora.

Algunas personas con eccema toleran los suavizantes, pero otras encuentran irritante el perfume que contienen. Si es así, utilice en su lugar un cuarto de taza de bicarbonato de soda, vinagre o bórax. Y en cuanto a los quitamanchas, muchas marcas contienen sustancias químicas irritantes similares a los disolventes, así que lea bien las recomendaciones del fabricante para su uso. Además, con frecuencia están muy perfumados. Los sencillos quitamanchas caseros pueden ser a veces tan eficaces como los de las marcas comerciales.

proteínas que dejan las manchas. Puede que quienes sufren de eccema experimenten que su afección empeora al exponerse a estas enzimas (que también pueden provocar síntomas respiratorios) y encuentren más aceptables los productos no biológicos. Sin embargo, si éstos también le producen irritación, tal vez deba recurrir a productos especiales para pieles sensibles, o quizás le merezca la pena probar el tradicional jabón casero. La sensibilidad a todos los productos de la-

EL CUIDADO DE LAS MANOS

Para quienes padezcan de eccema o dermatitis, las manos son uno de los lugares afectados más habituales. Aquí tiene algunos pasos sencillos para proteger sus manos de la exposición a los irritantes.

El lavado de las manos
- Lávese las manos sólo cuando sea necesario: lavarlas demasiado suele ser malo para la piel.
- Utilice agua templada con un sustituto del jabón. Pida a su médico que le recete uno o déjese aconsejar por su farmacéutico.
- Aclárese bien las manos para eliminar cualquier residuo irritante.
- Seque bien el espacio existente entre los dedos, ya que esta zona tiende a resecarse y a agrietarse.
- Cuando friegue, utilice guantes de goma o de látex con otros guantes de algodón debajo.

Los detergentes y productos de limpieza
- Trate de evitar el contacto directo con estos productos. Mantenga el exterior de los embalajes limpios.
- Si los llegara a tocar, lávese las manos con abundante agua corriente.
- Use productos de colada no biológicos.
- No utilice demasiado polvo o líquido.
- Evite los suavizantes perfumados.

Los limpiamuebles
- Evite el contacto directo con los limpiadores de metal, cera, calzado, suelos, muebles y ventanas.
- Utilice guantes de goma —sin látex si fuera necesario— o de algodón.

Los disolventes y quitamanchas
- Evite que la piel entre en contacto con aguarrás mineral, tricloroetileno, gasolina, trementina o disolventes.
- Si se produce el contacto, lávese las manos con agua templada y poco jabón.

La fruta y la verdura
- No pele los cítricos, cebollas o ajo con las manos desnudas.
- Tenga cuidado al manipular la comida: algunas personas con eccema experimentan una sensación de escozor o de picor al manipular aquellos alimentos a los que son alérgicos. El jugo de frutas y verduras puede actuar como alergeno o irritante. Por ejemplo, algunas personas estornudan al pelar patatas, si bien pueden comerlas sin problemas una vez cocinadas.

Los anillos
- Con frecuencia, los anillos provocan dermatitis por contacto, especialmente si contienen níquel.
- Limpie los anillos sucios con un cepillo, déjelos reposar durante toda la noche en una solución débil de amoniaco y aclárelos bien por la mañana.

La habitación ideal

La pregunta que más hacen las personas alérgicas a sus médicos es: «¿Qué puedo hacer para mejorar mi situación y tener que tomar menos medicamentos?». Los diferentes estudios realizados han demostrado que a menudo las personas son alérgicas a factores que se hallan en su propio entorno doméstico. Partiendo de esta base, la respuesta a la pregunta será modificar su hogar para reducir la exposición a los principales alergenos e irritantes que existen dentro de él. Claro que este consejo resulta bien fácil de dar, pero luego, a la hora de la verdad, se constata una clara falta de asesoramiento práctico sobre cómo llevar a cabo esa modificación. En las páginas siguientes encontrará consejos realistas acerca de todo lo que puede hacer para aliviar sus problemas alérgicos.

En todo caso, no debe ponerse a hacer cambios a toda prisa después de leer estos consejos, con el consiguiente gasto de energías y dinero. Tómese su tiempo y piense en los síntomas que padecen usted o su familia, en cuáles son los elementos de su hogar que le producen una reacción y en la gravedad de dicha reacción. Y, a menos que tenga un problema de mucha importancia, empiece por modificaciones pequeñas y vaya poco a poco.

Comience dando pasos sencillos y económicos, y después compruebe si mejoran sus síntomas. No cometa el error de tratar de hacer de golpe todo lo que desea. Concéntrese, en primer lugar, en el dormitorio de la persona alérgica, y continúe después por las otras habitaciones en las que dicha persona pase la mayor parte del su tiempo; mejore la ventilación, elimine objetos innecesarios, como los adornos o peluches, y considere la opción de invertir en fundas protectoras antiácaros de buena calidad para toda la ropa de cama. Puede ir cambiando el resto de la casa de forma gradual, quizá cuando decida reformar o redecorar una determinada habitación. Asimismo, desde un principio deberá intentar reducir la humedad de toda la casa manteniendo las ventanas del baño y de la cocina bien abiertas mientras utiliza estos espacios, o bien después de utilizarlos.

El dormitorio ideal

El dormitorio debería ser un santuario, un lugar donde relajarse y liberarse del estrés de la vida cotidiana. No obstante, muchas personas, más que sentirse relajadas al levantarse, se levantan cansadas, con síntomas como la nariz taponada, opresión en el pecho, picores u ojos enrojecidos y doloridos.

El calor y la humedad generados al dormir y las abundantes escamas de piel que desprende nuestro cuerpo convierten la cama en un lugar idóneo para el desarrollo de los ácaros del polvo. Cada vez que usted se mueve, los desechos de los ácaros se remueven y usted los respira, de modo que si es alérgico a su alergeno puede que sus síntomas empeoren durante la noche. Igualmente, el contacto con el alergeno del ácaro en su cama puede provocar las erupciones y el picor asociados al eccema.

Pero todavía hay esperanza, como podrá ver en los puntos de la derecha, que resaltan las mejoras posibles para eliminar los alergenos del polvo en su dormitorio. Sin embargo, el primer paso debe ser acudir al médico para que compruebe si realmente es usted sensible a los ácaros, ya que sólo merecerá la pena tratar de reducir la cantidad de alergenos si los resultados son positivos. Además, puede que la sensibilidad a los ácaros no sea la única causa de su alergia, por lo que, incluso si adopta estas medidas, tal vez sus síntomas no mejoren del todo.

Quizá no tenga que hacer todos los cambios recomendados y baste con uno o dos, como el uso de fundas protectoras para el colchón y la ropa de cama (*véanse las páginas 82-83*). Pero tendrá que perseverar durante meses antes de poder evaluar si realmente ha habido mejoras.

El mobiliario
● El mobiliario del dormitorio ha de ser mínimo, ya que es una posible fuente de polvo.
● Elija muebles de líneas rectas y sencillas, con el mínimo de detalles. De este modo, la limpieza resultará más sencilla y eficaz.
● Compruebe que cierran bien las puertas y cajones de los muebles donde guarda las prendas de vestir y ropa de cama , porque de lo contrario el polvo se filtrará al interior, favoreciendo la aparición de ácaros.
● Tenga muebles que pueda mover con facilidad para poder limpiar detrás y debajo.

La ropa de cama
● Coloque fundas protectoras antiácaros en el colchón, el edredón y las almohadas. Si desea que el cambio resulte eficaz deberá cubrir toda la ropa de cama.
● Si la tiene, use una manta eléctrica para mantener seca la cama, contribuyendo de este modo a que este lugar le resulte menos acogedor a los ácaros y al moho.
● Sustituya las mantas por un edredón, al que podrá poner una funda antiácaros. Las mantas bajeras de lana o vellón deberán ir dentro de la funda antiácaros del colchón.

Las paredes y ornamentos
● Decídase por paredes lisas y sencillas, sin barras metálicas para colgar cuadros, zócalos o molduras que acumulen polvo.
● Elija pintura o papel pintado lavable. Los acabados texturados atrapan el polvo.

La cama
● Evite los cabeceros acolchados, sobre todo los de botones: acumulan polvo.
● Evite barras o colgaduras (las que se encuentran en las camas de columnas o dosel), pues atrapan el polvo con facilidad.
● Elija una cama elevada sobre el suelo para que limpiar debajo resulte rápido y sencillo.
● Cubra por completo el colchón con una funda protectora antiácaros.
● Decídase por una base de listones para favorecer que el aire circule libremente alrededor de la cama.

● Mantenga las paredes y repisas sin objetos para que la limpieza sea más eficaz.
● Exponga los adornos en estanterías con puertas de cristal o, si no están cerradas, páseles cada semana un trapo humedecido.

Los adornos para las ventanas
● Instale persianas o estores enrollables, ya que estos acumulan menos polvo que las cortinas o las persianas venecianas. Dentro de las venecianas, las verticales son preferibles a las horizontales.
● Si no le gustan las persianas, utilice cortinas de algodón o muselina, pues, por lo general, estos materiales se pueden lavar a temperaturas elevadas.

Las ventanas
● Reduzca la humedad dejando las ventanas abiertas después de levantarse por la mañana y, si es posible, también por la noche.
● Mantenga las ventanas cerradas a primera hora de la mañana y de la tarde si tiene alergia al polen, pues a estas horas el recuento polínico tiende a ser más elevado. Ábralas en otros momentos o, si hay problemas de seguridad, instale un sistema de aire acondicionado o de ventilación mecánica.
● En los días claros y soleados, descorra las cortinas, pues el calor mata los ácaros.

La calefacción
● Mantenga el calor de fondo en las habitaciones de invitados para evitar la condensación que se forma en las ventanas o en las paredes que dan al exterior.
● Plantéese la instalación de un higrómetro (medidor de humedad). Para no favorecer a los ácaros, lo ideal es que la humedad relativa sea inferior al 50%.
● Si posee un sistema de calefacción de aire a presión, plantéese la utilización de una cubierta para los respiraderos que atrape el polvo y sin impedir que circule el aire.

Los suelos
● Sustituya la moqueta por un suelo de superficie dura (vinilo, linóleo o madera), que no albergará ácaros del polvo. Es más sencillo limpiar los suelos de superficie dura que las moquetas o las losetas de moqueta.
● Utilice alfombras de algodón que puedan lavarse a máquina, mejor que las de lana.
● Selle las grietas existentes entre los tablones del suelo de madera para que no se filtre polvo del espacio situado debajo.
● Si quiere moqueta a toda costa, elija una de pelo corto y tupido. Diversos estudios han demostrado que la carga estática de las alfombras de nailon impide que los alergenos pasen al aire. También puede adquirir una moqueta antialérgica (*véase la página 62*).

Deseables
● Cubra el colchón, la almohada y el edredón con fundas antiácaros.
● Ventile bien la habitación.
● No deje entrar mascotas en ella.
● Sustituya la moqueta por suelo de superficie dura.

Opcionales
● Sustituya las cortinas por persianas o estores.
● Sustituta el colchón, las almohadas y el edredón antiguos antes de ponerles fundas protectoras.
● Elimine de la casa los muebles de tela o redúzcalos al mínimo.

Diariamente
● Pase la aspiradora por el suelo, alfombras o moqueta.
● Limpie el polvo a los muebles con un paño húmedo (no mojado).
● Si padece de alergia, utilice una mascarilla antipolvo al hacer las camas, limpiar o quitar el polvo.

Semanalmente
● Lave la ropa de cama con un programa de temperatura elevada. Los detergentes en polvo no biológicos tal vez sean necesarios para quienes sufren de eccema (*véase la página 121*).
● Limpie las fundas protectoras con un paño húmedo (no mojado).
● Pase la aspiradora bajo la cama para eliminar cualquier ácaro o alergeno del ácaro.
● Limpie el polvo de la parte superior de los muebles altos.
● Pase la aspiradora o limpie los rodapiés y las barras metálicas de colgar cuadros.

Cada 3 o 6 meses
● Lave las cortinas a 56°C o más.
● Lave las almohadas, edredones y mantas. Seque bien la ropa de cama para que no forme moho.

LA ROPA DE CAMA Y LAS CAMAS

Los cambios en el dormitorio tendrán que ir encaminados a protegernos del alergeno del ácaro y a eliminar elementos que puedan albergar ácaros o polvo.

Los tipos de cama

Las camas con bases de láminas de madera o metal proporcionan una mejor circulación del aire en torno al colchón que las camas nido. Asegúrese de introducir en bolsas de plástico transpirables las prendas de vestir o la ropa de cama que guarde en los cajones de debajo de la cama, para así evitar que el polvo y los ácaros pasen de la cama a la ropa. Trate de evitar las camas con columnas o dosel, o al menos sustituya las cortinas actuales por otras más ligeras de muselina o algodón, lavables a temperaturas elevadas para matar los ácaros, y pase un paño húmedo o la aspiradora por las barras una vez por semana. Evite los cabeceros acolchados, en los que suelen proliferar los ácaros.

Las fundas protectoras antiácaros

Son un buen método para evitar la exposición al alergeno del ácaro. Algunas fundas se ponen bajo la sábana bajera, envolviendo todo el colchón, mientras que otras se colocan entre las almohadas y los almohadones, y entre el edredón y su funda. Es preciso cubrir toda la ropa de cama, no basta con cubrir únicamente el colchón, y lo ideal es ponerle fundas protectoras al colchón y a la ropa de cama nuevos antes de utilizarlos, previniendo así la infestación desde el principio.

Las fundas protectoras nos evitan entrar en contacto con el alergeno del ácaro que se encuentra en el tejido del colchón y de la ropa de cama. Algunos ácaros sobrevivirán en la parte superior de la funda, viviendo de las escamas que

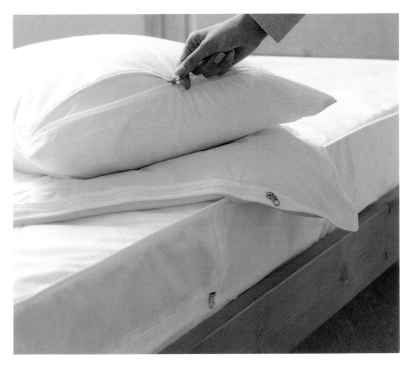

desprendemos continuamente, pero éstos serán escasos y se podrán eliminar cada semana al cambiar las sábanas. Es ahora cuando conviene limpiar la superficie de la funda protectora con un paño húmedo (no mojado) para eliminar cualquier ácaro o escama. Lave las fundas unas dos veces al año, o según especifiquen las recomendaciones del fabricante.

Las fundas antiguas son de plástico, y, si bien son una eficaz barrera contra los ácaros y alergenos del ácaro, no permiten que pase el agua, así que por la mañana se despertará húmedo por el sudor que produce mientras duerme. Por el contrario, las fundas modernas son de un suave material microporoso que permite el paso tanto del agua como del aire. Y en cuanto a duración, las fundas garantizadas por el fabricante por al menos diez años son más rentables que las económicas, que deberán ser sustituidas más a menudo. También existen fundas de algodón para ropa de cama impregnadas de acaricidas, sustancias químicas que matan los

Las fundas protectoras antiácaros dan una buena protección, pero las marcas varían en cuanto a duración y comodidad. Las buenas aportan una gran permeabilidad a la humedad y al aire.

ácaros. Sin embargo, es poco lo que se sabe acerca de los efectos de estas sustancias a largo plazo en los seres humanos, y además las fundas no ofrecen protección contra el alergeno del ácaro.

Cómo proteger el colchón

En tres meses, y bajo condiciones normales de calor y humedad, un colchón nuevo estará casi tan infestado de ácaros como el que llevaba usando durante años. La mayor parte de ellos vive en las capas superiores del colchón, y por ello hay quien le pasa la aspiradora a los colchones en la creencia errónea de que así se deshace del ácaro del polvo. De hecho, estas diminutas criaturas se aferran al tejido del colchón, así que en el mejor de los casos lo más que conseguirá eliminar serán unos pocos ácaros vivos.

Un tratamiento más eficaz que la aspiradora consiste en utilizar un acaricida para el colchón y la ropa de cama. No obstante, los acaricidas no penetran lo suficiente como para matar los ácaros que se encuentran en las partes más profundas del colchón, con lo cual no resultan tan eficaces como cuando se utilizan en las moquetas. Además, han de aplicarse al menos cada tres meses. El nitrógeno líquido, que congela los ácaros, la limpieza mediante vapor seco o el tratamiento por calor son otras posibles opciones (*véanse las páginas 70-71*). Así y todo, todas ellas son innecesarias si utiliza fundas protectoras antiácaros (*véase la fotografía de la izquierda*).

Almohadas y ropa de cama

En el plazo de doce meses, el peso de una almohada nueva habrá crecido un 10% por la presencia de ácaros, desechos de ácaros y escamas de piel. Antes se recomendaba sustituir las almohadas y los edredones de pluma o plumón por ropa de cama sintética, denominada *no alergénica* o *hipoalergénica*. Sin embargo, existen pruebas contradictorias en lo relativo a qué tipo de relleno resulta más adecuado para las personas alérgicas. En todo caso, tanto si están rellenas de espuma como de plumas, las almohadas siempre deberán tener sus fundas protectoras.

Posiblemente sea conveniente evitar las colchas o cobertores, ya que los ácaros tienden a proliferar en ellos, a menos que esté dispuesto a lavarlos cada semana. En los climas cálidos y soleados, otra alternativa consiste en tenderlos al sol durante unas horas a la semana para matar los ácaros.

Cuando el aire puede circular bajo el colchón se contribuye a reducir la proliferación de ácaros y moho. Si guarda prendas de vestir o ropa bajo la cama, sería conveniente colocarlas en bolsas de plástico transpirables.

La lencería de cama

Es conveniente lavar una vez por semana todas las sábanas, almohadones, fundas de edredón y mantas a una temperatura de 56°C o superior, con el fin de matar los ácaros. A temperaturas inferiores éstos sobreviven, aunque el alergeno del ácaro y los ácaros muertos sí se van con el lavado. Hay quien solventa este problema añadiendo acaricidas cuando lava a temperaturas inferiores. Entre estas sustancias, la más suave y más investigada es el bencilbenzoato, por lo que probablemente ésta será su mejor elección. No obstante, si prefiere que no haya rastro alguno de estas sustancias cerca de su piel, lo mejor es invertir en ropa de cama lavable a la temperatura adecuada, o al menos aclarar la ropa de cama a conciencia si se usa un producto químico. Otra opción es congelar la ropa de cama durante unas horas en un frigorífico. Esto mata los ácaros y permite seleccionar una temperatura de lavado inferior.

Otra alternativa actual a cubrir la almohada con una funda protectora antiácaros independiente es un tipo de almohada que ya incluye funda. Y, dado que el material de que está hecha constituye también una barrera para las bacterias, la propia almohada resulta higiénica. En el futuro, podremos disponer de otros artículos para la cama realizados en este mismo material.

LAS PRENDAS DE VESTIR Y SU CUIDADO

La invención de las fibras sintéticas y de los tintes, muchos de ellos basados en productos petroquímicos, ha revolucionado la industria textil, hasta tal punto que la gran variedad actual de prendas de moda asequibles y de calidad es una ventaja de la vida moderna que solemos dar por supuesta.

La elección de los tejidos

Existen tres categorías de tejidos: naturales, sintéticos y mezcla de naturales y sintéticos, y cada una de ellas puede suponer un problema para una persona alérgica.

Los tejidos naturales: sólo porque un tejido sea *natural* no resulta necesariamente *seguro* para quienes padecen de alergias cutáneas. La lana es un ejemplo de tejido natural que puede provocar una gran irritación en algunas persona, por el efecto irritante de sus fibras. Muchos de nosotros, alérgicos o no, estamos familiarizados con la sensación de picor que causa una prenda de lana cuando se lleva pegada a la piel, un efecto que probablemente se agravará en quienes ya sufran de eccema o dermatitis.

Existe la creencia popular errónea de que la lanolina presente en la lana es la responsable del picor, pero esto es algo poco probable, ya que la alergia a la lanolina es excepcional entre la población en general, y tampoco es especialmente elevada entre quienes presentan alergias cutáneas: algunos estudios sugieren que sólo alrededor de un 1% de quienes padecen de dermatitis es sensible a los alergenos de la lanolina. La cifra es incluso menor en el caso de la lanolina refinada de excelente calidad que se emplea en muchos productos y preparados para el cuidado de las pieles secas. Por tanto, incluso si realmente sufre de sensibilidad a la lana por los alergenos de la lanolina, podrá usar con total seguridad los productos para el cuidado de la piel que contengan lanolina de calidad. Pida consejo a su farmacéutico sobre estos productos.

Los tejidos naturales que no suelen ir asociados a reacciones alérgicas y que, por consiguiente, no deberían dar problemas, son el algodón, la seda y la piel. La mayor parte de las personas que padecen de eccema encuentra las prendas de vestir y la ropa de cama de algodón

La colada debe secarse al aire libre o en una secadora con respiraderos al exterior. Secar la ropa dentro de casa en un tendedero o sobre un radiador implica que el exceso de humedad irá a parar al aire interior, aumentando así la humedad relativa.

mucho más cómoda que la elaborada con lana o fibras sintéticas. Probablemente esto se deba a que el algodón provoca menos sudor e irritación cutánea. Existen proveedores especializados en prendas de vestir y ropa de cama de algodón sin blanquear y no tratado.

Los tejidos sintéticos y con mezcla de natural y sintético: una de las fibras sintéticas más habituales es el poliéster. Algunas prendas de vestir y ropa de cama son exclusivamente de poliéster, pero las fibras de poliéster también se pueden hallar en combinación con algodón en lo que se conoce como polialgodón. Este material suele emplearse en prendas de vestir, lencería de cama, moquetas, alfombras y como relleno de edredones y cobertores acolchados.

Las personas pueden presentar enormes diferencias en cuanto a su tolerancia a los tejidos sintéticos y a las mezclas de natural y sintético. Hay quien, por ejemplo, encuentra irritantes para su piel los tintes utilizados con las fibras de poliéster, mientras que los productos de polialgodón y algodón etiquetados como «de fácil cuidado», «resistentes a las arrugas» o «no necesita planchado», tratados con formaldehído (*véanse las páginas 68-71*), pueden provocar irritación cutánea en determinadas personas.

Los remates y los cierres: incluso si ha conseguido evitar la compra de prendas de vestir o de ropa de cama de tejidos que le provoquen una reacción, algo tan simple como la costura o el borde de una prenda que rocen puede bastar para irritar la piel. La misma reacción pueden provocar todo tipo de cremalleras, botones o broches de metal de prendas de vestir y ropa de cama que entren en contacto con la piel. Los broches automáticos gozan de gran popularidad en las prendas de vestir de los bebés, pero deberán estar situados de tal forma que no toquen la piel del niño.

El lavado y secado de la ropa

Las prendas de vestir o la ropa de cama de algodón teñido deben lavarse antes de estrenarse para eliminar cualquier posible irritante, como las partículas sueltas de tinte. Existen numerosos productos para el lavado indicados para las personas de piel sensible (*véanse las páginas 76-77*).

Lo ideal sería no secar la ropa dentro de la casa, pues esto aumenta la humedad interior, favoreciendo el incremento del número de ácaros del polvo y la proliferación de mohos. Si secar la ropa dentro de casa es su única opción, elija una habitación que cuente con pocos muebles tapizados en tela y asegúrese de abrir la ventana y de mantener

la puerta que dé al resto de la casa bien cerrada. A ser posible, seque la ropa al aire libre o en una secadora que tenga respiraderos al exterior.

Los quitamanchas: las marcas habituales de quitamanchas pueden contener tricloroetileno, un disolvente de fuerte olor que se evapora rápidamente y puede causar estornudos u opresión en el pecho en quienes padecen de alergias respiratorias.

Cómo guardar la ropa y el calzado

No deje la ropa esparcida por el dormitorio acumulando polvo, y no guarde ropa o calzado mojados en los armarios. La colocación de las prendas sobre rejillas metálicas, mejor que en estantes, favorece la circulación de aire, dificultando la proliferación de ácaros y moho. Los armarios de tela para las prendas de vestir deberían estar bien aireados, y tal vez tendría que lavarlos una vez al mes, dependiendo del polvo que acumule la habitación. Mantenga cerradas las puertas de los armarios empotrados y evite las barras o estanterías abiertas. La ropa que no utilice deberá estar seca y en bolsas de plástico transpirables, sobre todo si se va a guardar en cajones de camas nido o bajo las camas.

LOS AGENTES NATURALES ANTIPOLILLAS

Los fuertes vapores emitidos por las bolitas de naftalina o los aerosoles antipolillas, con sustancias químicas como el paradiclorobenceno y la naftalina, pueden tener un efecto irritante en las mucosas respiratorias si padece de asma o de rinitis.

Las alternativas vegetales poseen una fragancia más suave y agradable, por lo que la mayor parte de los alérgicos no debiera de tener problemas para tolerarlas bien. Sin embargo, evite cualquier cosa que le

pueda provocar una reacción adversa. Pruebe a colgar saquitos de astillas de cedro, flores de lavanda secas, romero seco o abrótano en los armarios, y a colocarlos entre la ropa.

Si estos agentes naturales no son capaces de desalentar a las polillas con eficacia, su única alternativa a las bolitas de naftalina consistirá en lavar y secar bien las prendas de lana después de usarlas y guardarlas en bolsas de plástico herméticas durante el resto del tiempo.

El dormitorio infantil ideal

Los padres suelen realizar un gran esfuerzo a la hora de decorar los dormitorios de sus hijos para que les resulten atractivos y cómodos. Sin embargo, cuando hay un niño alérgico también es preciso crear un tipo de entorno que reduzca sus síntomas al máximo. Muchas de las medidas que aquí se tratan van dirigidas a reducir el nivel de alergenos del ácaro del polvo, factor habitual del asma alérgica. No obstante, antes de hacer cambio alguno, consulte con su médico y cerciórese de que su hijo es sensible a estos alergenos.

Las medidas destinadas al control de los alergenos del ácaro deberían adoptarse en todas las habitaciones que los niños alérgicos usen con frecuencia, y en particular en sus dormitorios. Se deben aplicar dichas medidas en todas las camas de la habitación, incluso si otros niños que comparten el cuarto no presentan síntomas de alergia. Si su hijo padece de una alergia grave, tal vez le merezca la pena plantearse encontrarle un nuevo hogar a sus mascotas, sobre todo a los gatos. Como mínimo, sería conveniente evitar que los animales domésticos entrasen en las habitaciones infantiles y en las principales zonas de juegos, así como procurar que pasen en el exterior todo el tiempo posible.

Las parejas alérgicas o con antecedentes familiares deberían plantearse convertir su hogar en un lugar seguro antes de fundar una familia. Diversos estudios han demostrado que es más probable que los niños que se crían en familias con un historial de alergias las desarrollen a su vez, y que el nivel de exposición a los alergenos durante la infancia resulta importante en la sensibilización de un niño y en el desarrollo de una afección alérgica.

Las ventanas

● Abra las ventanas por la mañana para airear la habitación y sacuda la ropa de cama. Dejar la ventana ligeramente abierta por la noche contribuye a ventilar la habitación, pues reduce la humedad y dificulta la proliferación de moho y ácaros.
● Si su hijo es alérgico al polen, mantenga cerradas las ventanas a primera hora de la mañana y a media tarde durante la época de polinización.
● Plantéese la instalación de un aparato de ventilación independiente (*véase la página 57*) si es difícil airear la habitación de forma natural.
● Utilice persianas o estores enrollables en lugar de cortinas o visillos.

El mobiliario

● Tenga los mínimos muebles posibles para que no se acumule polvo. Saque del dormitorio los muebles tapizados en tela y sustitúyalos por muebles de plástico o madera, materiales que no pueden colonizar los ácaros.
● Ponga fundas protectoras a los cojines y almohadas y lave regularmente las fundas normales con algún método que mate los ácaros del polvo (*véanse las páginas 70-71*).

Los adornos y libros

● Mantenga las estanterías, repisas y mesas limpias y sin polvo pasando la aspiradora o un paño húmedo con regularidad. Menos objetos equivale a menos polvo y a una limpieza más fácil.
● Guarde los libros y adornos tras puertas de cristal para evitar que acumulen polvo.
● Reduzca la cantidad de pósters y demás objetos de decoración de las paredes, como cuadros y banderines, pues acumulan polvo.

Los juguetes

● Tenga pocos peluches y mantitas, pues pueden albergar concentraciones de ácaros de polvo suficientes como para empeorar el asma o el eccema de un niño.
● Elimine los ácaros metiendo en el congelador los peluches o las mantitas durante al menos 3 o 4 horas.
● No deje que los niños jueguen con plastilina o tiza si presentan señales de que éstas les irritan la piel.
● Guarde los juguetes en armarios o baúles al final del día para evitar que acumulen polvo.
● Deshágase de juguetes viejos, rotos o sin valor para que la cantidad de objetos sea mínima.

Los suelos

● Sustituya la moqueta por un suelo de superficie dura, como el linóleo o la madera.
● Pase la aspiradora a diario, incluso si el suelo de la habitación es duro.
● Utilice alfombras de algodón lavables en lugar de moqueta.

Las paredes

● Use pintura de secado rápido de base acuosa o baja en VOC (*véanse las páginas 66-69*).
● No deje entrar a los niños en la habitación mientras la pinta o si la pintura no está seca. Ventile bien hasta que desaparezcan los olores.

Las prendas de vestir

● Lave la ropa con productos no biológicos o con productos para pieles sensibles.
● Utilice guantes de algodón para evitar que los niños se rasquen el eccema mientras duermen.

Deseables

● Cubra los colchones, almohadas y edredones con fundas.
● Sustituya la moqueta por un suelo de superficie dura y use alfombras de algodón lavables.
● Asegúrese de que la habitación está bien ventilada.
● Guarde pocos peluches y no los ponga sobre las camas.
● Elimine las tapicerías.

Opcionales

● Sustituya las cortinas o visillos por persianas o estores enrollables.
● Guarde las prendas de vestir fuera de la habitación.

Diario

● Pase la aspiradora por los suelos de superficies duras, las alfombras o la moqueta (*véanse las páginas 74-75*).
● Pase un paño húmedo (no mojado) a los muebles.
● Procure limpiar cuando los niños vayan a estar fuera de la habitación varias horas, para que el polvo se asiente.

Semanalmente

● Cambie la ropa de cama y lávela a 56°C o más.
● Páseles un paño húmedo a las fundas protectoras cada vez que cambie la ropa de cama.
● Congele o lave los juguetes.
● Pase la aspiradora bajo las camas para eliminar el polvo.
● Limpie la parte superior de los muebles altos o repisas.

Cada 3 o 6 meses

● Lave las cortinas a 56°C o más.
● Lave y seque las almohadas, edredones, mantas y cojines si no tienen fundas protectoras.
● Lave las fundas de los cojines y los almohadones.

Las camas

● Póngale fundas protectoras a los colchones, y no sólo al colchón del niño alérgico.
● Si tiene literas, asegúrese de que el niño alérgico duerme en la cama superior.
● Elija diseños sencillos para las camas, que acumulan menos polvo, y con una base de láminas de madera o metal para que el aire circule bajo el colchón.

Las pantallas de las lámparas

● Elija pantallas de vinilo o plástico, que se puedan limpiar con facilidad. Las pantallas de tela acumulan polvo.

La ropa de cama

● Coloque fundas protectoras antiácaros en los edredones y almohadas.
● Lave semanalmente toda la ropa de cama a una temperatura de al menos 56°C para matar los ácaros y eliminar su alergeno o, si lava menos caliente, añada una solución de bencilbenzoato, aclarando bien después.
● Utilice sábanas y mantas de algodón para los niños con eccema, ya que parecen ser más cómodas que las de fibras sintéticas o de lana. Las fibras sintéticas pueden incrementar el sudor; y las de la lana irritar la piel.

FACTORES ALÉRGICOS

Gran parte de los consejos generales que se dan en *El dormitorio ideal* (*véanse las páginas 80-85*) se pueden aplicar también a las habitaciones infantiles. No olvide airear las habitaciones y camas por la mañana, a menos que sea sensible al polen, y procure hacer las camas, pasar la aspiradora o limpiar el polvo cuando los niños alérgicos no estén en sus cuartos. Además, no limpie por la noche, antes de ir a la cama, ya que el polvo que levante tardará horas en asentarse.

Las fundas protectoras antiácaros

Póngale fundas protectoras antiácaros a los colchones, edredones y almohadas (*véanse las páginas 82-83*). Todas las camas de la habitación deberían tratarse del mismo modo, incluso las de aquellos niños que no sean alérgicos, ya que su ropa de cama también albergará ácaros del polvo y su alergeno.

Cambie las sábanas todas las semanas y lávelas a una temperatura elevada (56°C o más) para matar los ácaros del polvo y eliminar el alergeno. También deberá lavar semanalmente y a una temperatura elevada la restante ropa de cama. En climas cálidos y soleados, una alternativa a lavar semanalmente la ropa de cama gruesa, como los cobertores o colchas, consiste en tenderla al sol durante algunas horas todas las semanas. Los rayos del sol deberían matar la mayoría de los ácaros y, de este modo, reducir la cantidad de alergeno generado. El alergeno restante deberá eliminarse mediante un lavado realizado, posiblemente, cada tres meses.

Si los edredones y las almohadas cuentan con fundas protectoras, no es preciso lavarlos a menudo. Sin embargo,

cada vez que cambie las sábanas deberá limpiar la funda con un paño húmedo (no mojado) para, de esta manera, eliminar los ácaros del polvo. Las fundas protectoras modernas son permeables al agua, de modo que si un niño se orina en la cama deberá quitar toda la ropa de cama y lavarla. Resulta importante secar cuidadosamente toda la ropa, sobre todo la más gruesa, como los cobertores, para eliminar cualquier riesgo de humedad y, por tanto, de formación de moho.

Si su bebé padece de una erupción debida a los pañales (dermatitis del pañal) por el amoniaco de la orina, cubra la zona afectada con una crema protectora hidrófuga y evite ponerle pañales todo lo posible hasta que la erupción haya desaparecido.

Las literas y las camas nido

Si se utilizan literas, el niño alérgico debería dormir en la superior, ya que los ácaros del polvo y el alergeno pasarán de la litera de arriba al niño que duerma debajo. Las camas nido impiden que el aire circule bajo el colchón, por lo que cualquier

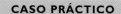
prenda de vestir o juguete que guarde en los cajones situados debajo de dichas camas deberían hallarse en bolsas de plástico transpirables para evitar los ácaros.

Las cunas

Si bien una misma cuna se puede utilizar para distintos niños durante años, lo ideal es que cada bebé tenga su propio colchón nuevo. No obstante, cámbielo si aparecen señales de moho (manchas negras). Esto puede ocurrir por un deficiente secado tras haber estado húmedo.

Los colchones de las cunas suelen ser de espuma, aunque hay quien prefiere el relleno de algodón natural. Por regla general, los colchones de espuma se encuentran parcialmente cubiertos por un plástico vinílico para evitar que se ensucien, mientras que la parte en la que el niño apoya la cabeza no posee cobertura por razones de seguridad. Algunos proveedores especializados disponen de fundas protectoras para colchones de cunas. No utilice fundas caseras de plástico: no son seguras y pueden causar asfixia.

Cuando el niño alérgico pasa de la cuna a su primera cama *de verdad*, ésta debería contar con colchón, edredón y almohada nuevos, y todos ellos deberán cubrirse con fundas desde el principio. Sin embargo, existe un nuevo método de tratamiento por calor que se puede emplear para limpiar los colchones y ropa de cama usados. Este método mata los ácaros y desnaturaliza sus desechos para que dejen de ser alergénicos (*véase la página 71*).

Los peluches

Los peluches amontonados en el dormitorio son un peligro para la salud de los niños alérgicos a los ácaros y, al igual que las tapicerías y moquetas, un caldo de cultivo ideal para los ácaros. Estos juguetes deben guardarse en un armario o baúl por la noche en lugar de dejarlos sobre la cama o cuna, aunque tal vez tenga que hacer una excepción con el juguete favorito del niño.

Tenga el mínimo número posible de peluches en el dormitorio y, si puede, lávelos una vez por semana a una tem-

CASO PRÁCTICO

Pedro es un joven alérgico a los ácaros del polvo y padece de asma, rinitis y eccema. Para tratar de controlar sus síntomas, sus padres eliminaron la moqueta de su dormitorio, sustituyeron las cortinas por estores verticales, adquirieron un colchón nuevo con fundas protectoras, eliminaron objetos superfluos y pintaron paredes y techo. Seis meses después, Pedro aún necesita un inhalador para el asma, pero su piel ha mejorado y está menos congestionado. Ahora puede jugar en el patio, duerme mejor y está más contento.

peratura de 56°C o superior. Los juguetes se pueden lavar a temperatura inferior si se emplea una solución de bencilbenzoato para matar los ácaros (*véase la página 76*) pero, como es probable que los niños chupen sus juguetes o estén siempre con ellos, a algunos padres no les gusta esta opción. Otra alternativa es colocar este tipo de juguetes en una bolsa de plástico y dejarlos en el congelador durante 3 o 4 horas. De este modo se matan todos los ácaros, pero aun así deberá eliminar sus desechos mediante lavado. Si lava o congela los juguetes cada semana desde el primer día tendrá los ácaros controlados, especialmente si usa fundas protectoras en toda la ropa de cama, porque así no existirán reservas de ácaros en la habitación para colonizar los juguetes limpios.

Aplique estas medidas de forma más o menos estricta a los peluches del resto de las habitaciones según su frecuencia de uso. Esta rutina requiere tiempo y esfuerzo, por lo que tal vez sea más sencillo tener sólo algunos peluches a los que aplicar alternativamente la limpieza.

Guardar los peluches en un baúl cuando no se usan ayuda a que no acumulen polvo y facilita la limpieza de la habitación. Este baúl de madera maciza no presenta los problemas asociados a la madera prensada (véase la página 71).

La sala de estar ideal

La sala de estar suele ser el espacio en el que toda la familia puede relajarse. Dependiendo de los gustos de cada uno, puede contar con una moqueta o un suelo de superficie dura, tal vez cubierto de alfombras. Entre el mobiliario probablemente habrá sofás y sillas tapizados y algunos cojines. También puede haber un televisor y un equipo de sonido. En las paredes habrá cuadros, grabados o fotografías, quizás incluso tapices o similares. Encontraremos adornos en las vitrinas y en las estanterías por toda la habitación, o sobre la chimenea. Incluso, algunas casas más antiguas todavía contarán con las chimeneas abiertas tradicionales. Todo esto suena muy agradable, pero para quienes sufren de alergia existen diversos factores que pueden hacerles la vida imposible. Los principales son el tipo de suelo y las tapicerías de sofás o sillones de tela, así como las cortinas. También posee gran importancia el que los animales domésticos entren o no en la habitación, el grado en que la distribución de la estancia permita una limpieza regular y los materiales empleados en la construcción de los armarios o estanterías.

Lo primero es identificar las necesidades específicas de la persona alérgica antes de cambiar nada. Si, por ejemplo, la sensibilidad al alergeno del ácaro es importante para los síntomas de una persona, el control de los ácaros será el aspecto clave al adaptar la habitación; quienes sean alérgicos a los animales deberán reconsiderar los lugares que éstos ocupan en el hogar, mientras que quienes padezcan de alergias al moho tendrán que prevenir la formación de moho por condensación.

El mobiliario
● Elija muebles que lleguen al techo.
● Evite las estanterías abiertas. Las librerías deberían contar con puertas de cristal.
● Airee el mobiliario nuevo de madera prensada (*véase la página 71*) para reducir los niveles de gas formaldehído.

El equipo de sonido y la televisión
● Guarde los aparatos eléctricos en armarios.
● Elija una aspiradora que se pueda utilizar para limpiar los aparatos eléctricos.
● Compruebe que las cucarachas no tengan acceso al interior de los aparatos eléctricos, donde pueden vivir sin que nadie las descubra, generando alergenos.

Los sofás y sillones
● Compre sofás y sillas de un material que los ácaros del polvo no puedan colonizar, como la piel o el vinilo.
● Tenga pocos muebles tapizados en tela. Pasarles la aspiradora puede que elimine algunos alergenos del ácaro, pero no servirá para los ácaros vivos.
● Use fundas de algodón para cubrir los muebles tapizados en tela que decida conservar. Lave las fundas cada semana o cada mes para eliminar ácaros y alergenos. Otra alternativa consiste en adaptar al sofá o sillón fundas protectoras antiácaros de las que se venden en principio para la ropa de cama (*véanse las páginas 82-83*).

Las paredes y la iluminación
● Procure que el diseño de las molduras y rodapiés sea sencillo para que no acumular polvo. Por la misma razón, elija papel pintado liso, no texturado, o acabados de pintura lisos.

El suelo
● A ser posible, instale suelos de superficie dura (como por ejemplo, madera maciza, madera laminada o linóleo) en lugar de moqueta o losetas de moqueta, que no tardan en convertirse en una fuente de ácaros del polvo. Para mayor comodidad, use alfombras de algodón lavables a una temperatura de 56°C o superior.
● Selle las grietas y hendiduras de los suelos de madera para facilitar su limpieza. De este modo también evitará que se filtre el polvo de debajo.
● Si tiene moqueta, pásele un aspirador con filtro HEPA (véanse las páginas 74-75) o instale una moqueta antialérgica (véase la página 62).

● Evite los focos de luz colgantes, como las arañas o pantallas de tela, salvo que vaya a limpiarlos y quitarles el polvo regularmente. Elija lámparas de mesa fáciles de limpiar o instale puntos de luz empotrados, más fáciles de limpiar, como las lámparas halógenas.

Los adornos y libros
● Tenga el mínimo posible de adornos y cachivaches: acumulan polvo y hacen que resulte difícil limpiar bien.
● A ser posible, coloque los adornos en una vitrina con puertas de cristal.

Las ventanas
● Ventile bien la habitación dejando abiertas las rejillas (si dispone de ventanas modernas) o sencillamente abriendo las ventanas (véanse las páginas 52-59).
● Ponga cortinas ligeras y lavables en lugar de cortinajes pesados. Deberán poder lavarse a una temperatura de 56°C o superior. Otra opción es instalar persianas o estores enrollables, más fáciles de limpiar.
● Plantéese instalar dobles acristalamientos en una casa nueva o cuando esté cambiando las ventanas. Esto proporciona un mejor aislamiento frente a la pérdida de calor y evita la condensación que, a su vez, puede conducir a la formación de moho.

Los cojines
● Recubra los cojines con un material lavable a 56°C o más, o bien póngales fundas protectoras antiácaros.
● Una vez lavados, séquelos a fondo, a ser posible en una secadora, para evitar la formación de moho dentro del relleno.

La calefacción
● Si está construyendo una casa nueva o emprendiendo reformas de importancia, plantéese la instalación de una calefacción bajo el suelo o por calor radiante en forma de paneles en las paredes o en el zócalo (véanse las páginas 60 y 61).
● Si el polvo es un problema importante, no instale calefacción central por aire a presión, calefactores de aire ni estufas de convección. En este caso la mejor opción probablemente sean los radiadores convencionales, pero asegúrese de que pasa la aspiradora para eliminar el polvo que inevitablemente se acumula tras ellos.

Las chimeneas
● Elija una chimenea eléctrica de diseño sencillo que tenga pocos recovecos y sea fácil de limpiar cuando coja polvo.
● Limpie las chimeneas con regularidad para evitar que los residuos de la combustión vuelvan a la habitación. El semicoque fumívoro es mejor que el carbón, que puede producir niveles elevados de dióxido de azufre.

FACTORES ALÉRGICOS

Los factores cruciales que determinan los niveles de alergenos del ácaro en la sala de estar son el tipo de revestimiento del suelo, por una parte, y el mobiliario y las cortinas por otro. Los muebles, además de repercutir en el nivel de alergenos del ácaro, también puede ser una fuente de formaldehído, un gas irritante que provoca síntomas como los estornudos o la tos en individuos alérgicos hipersensibles a esta sustancia. Además, hay muchos muebles modernos que a menudo están hechos de madera prensada, como el DM, y que son una importante fuente de formaldehído en el hogar (*véase la página 69*). El refuerzo de espuma de algunas alfombras también contiene formaldehído.

Los suelos de superficie dura

El mejor tipo de suelo para una sala de estar sin alergenos es alguno de superficie dura, como la madera o el linóleo. No obstante, si el alérgico no utiliza la habitación con asiduidad, la moqueta puede resultar aceptable, si bien en estas circunstancias merece la pena considerar la posibilidad de instalar una moqueta antialérgica (*véase la página 62*). Si desea aportar una mayor comodidad a un suelo de superficie dura, puede usar alfombras de algodón lavables a máquina en lugar de las alfombras de lana, que requieren una limpieza más especializada. Asegúrese de que fija bien las alfombras al suelo para evitar resbalar al pisarlas.

A la hora de limpiar los suelos de madera o linóleo, recuerde que los productos para el cuidado del hogar fuertemente perfumados, como los detergentes y abrillantadores, pueden desencadenar una reacción irritante en algunas personas sensibles. Si esto supone un problema, existen diversos productos sin fragancia entre los que elegir. Sólo deben

fregarse los suelos de madera tratada, y no olvide rellenar todos los huecos de entre las tablas, para evitar que se filtre el polvo procedente de debajo. Igualmente, deberá tratarse la madera con algún producto que evite la penetración del agua. En todo caso, escurra bien las fregonas o esponjas para evitar un exceso de humedad en la madera, y repare las zonas del suelo desgastadas o mal selladas, ya que si el agua penetra en las tablas puede combar la madera.

Las moquetas

Las personas alérgicas deben tener en cuenta que la moqueta es una fuente de ácaros del polvo y moho. Si sus síntomas se agravan en presencia de estos agentes, plantéese suprimir la moqueta en las habitaciones de uso frecuente. Sin embargo, si su reacción alérgica no es muy

Las características ideales de una sala de estar sin alergenos son un suelo duro y un mobiliario tapizado en piel o vinilo. Todas las fundas de tela deberían poderse lavar a máquina.

grave, puede que baste con pasarle la aspiradora y limpiarla periódicamente para que la alergia no empeore.

El lavado: las lavadoras caseras eliminan los ácaros y alergenos de las alfombras junto con la suciedad, pero, en último término, ello puede dar lugar a más ácaros, ya que el agua que queda en la base del pelo o en los refuerzos aumenta en gran medida la humedad. No obstante, el lavado de alfombras que hacen determinadas empresas de limpieza suele ser muy eficaz en lo tocante a la eliminación del agua utilizada, con lo cual la alfombra se debería secar rápidamente si la ventilación es buena.

El lavado en seco: consiste en pulverizar disolventes directamente sobre la moqueta o la alfombra para soltar la suciedad, que a continuación es eliminada mediante una segunda solución que contiene ionizadores. El lavado en seco mata los ácaros, pero en algunas personas alérgicas puede que el proceso tenga un efecto irritante. Por ello, tal vez resulte necesario alejarse del lugar mientras se está efectuando la limpieza profesional y ventilar bien la casa después.

Los disolventes secos en polvo constituyen una alternativa a los disolventes líquidos. Se rocían en las moquetas ligeramente humedecidas, dejándolos durante un tiempo para que absorban la suciedad antes de eliminarlos por medio de la aspiradora. El problema es que, incluso utilizando una aspiradora potente, puede resultar complicado eliminar todo el polvo, con lo cual el que queda puede irritar la piel o las vías respiratorias de los individuos sensibles.

Las sustancias químicas antiácaros: su objetivo consiste en matar los ácaros o neutralizar su alergeno para que no provoquen una reacción alérgica, pero utilizadas por sí solas no reducen los síntomas alérgicos (*véase la página 70*).

El tratamiento por vapor: hay diversos métodos que emplean el vapor para matar los ácaros del polvo, pero no todos neutralizan su alergeno. Un método desarrollado recientemente hierve agua a presión para producir vapor muy caliente, que penetra hasta lo más profundo del pelo para matar los ácaros. Hay pruebas que demuestran que este método desnaturaliza el alergeno del ácaro. Dado que el

Las salas de estar a menudo incorporan una zona destinada a comedor. En el caso de la fotografía, el mobiliario es sencillo y fácil de limpiar. No hay tapizados en tela, y un estor fácil de limpiar sustituye a las tradicionales cortinas.

vapor contiene muy poca agua, a menudo se le llama *vapor seco*. Posteriormente, los ácaros muertos y el alergeno se eliminan pasando la aspiradora. Este tratamiento se puede utilizar para tapicerías de tela y cortinas, pero antes debería probarse en una zona pequeña para comprobar que la moqueta o el tejido no se ven dañados por el proceso.

El mobiliario tapizado en tela

Los muebles tapizados en tela proporcionan un entorno ideal para los ácaros, y,

por ello sería conveniente sustituirlos por otros de piel o vinilo, que se pueden limpiar con un paño húmedo cada semana. Siendo realistas, es probable que tenga en su casa algún mobiliario de tela, aunque sean sólo unos cuantos cojines. Para estos casos existen fundas protectoras antiácaros pensadas para las almohadas y la ropa de cama (*véanse las páginas 82-83*) que se pueden adaptar a los sofás y sillones. Para más información acerca del problema del control de los ácaros, consulte las páginas 70-71.

La cocina ideal

Algunas cocinas son pequeñas y han sido pensadas sólo para almacenar los alimentos y preparar la comida, mientras que otras son estancias familiares que incorporan una zona destinada a comedor. Algunas se usan de forma más o menos continua durante todo el día, mientras que otras permanecen vacías salvo a la hora del desayuno. Independientemente del tamaño o del tipo de cocina de que disponga, existen factores importantes que hay que tener en cuenta a la hora de diseñar un entorno sin alergenos. En concreto, la elección de la cocina o del fogón influye en el nivel de contaminación del aire. Desde el punto de vista de las alergias, cocinar con electricidad es mucho mejor que hacerlo con gas o carbón, pues así se generan grandes cantidades de residuos y vapor de agua.

Se considera la cocina como una *habitación húmeda* por la cantidad de vapor que se produce al cocinar, calentar agua, etcétera, y si mejorando la ventilación reducimos el vapor que pasa al hogar (*véanse las páginas 52-57*) provocaremos un reacción en cadena, y de este modo reduciremos los niveles de humedad y, con ello, el número de ácaros del polvo y la proliferación de moho en todas las habitaciones.

La elección del suelo repercute directamente en los ácaros del polvo. Son preferibles las superficies duras, pues proporcionan un entorno menos favorable que las moquetas. Además, es más fácil limpiar una superficie dura, ya que los alimentos derramados o los restos de comida pueden favorecer la aparición de cucarachas (*véanse las páginas 38-39*). Éstas son la segunda causa mundial de alergias después del ácaro del polvo.

Las paredes

● Elija superficies lisas y de líneas puras. Acumulan menos polvo y se limpian con mayor facilidad que las texturadas.
● Use pintura lavable en la paredes y cubra de azulejos la parte más cercana a los fuegos, para crear una zona de fácil limpieza.
● Deje las paredes lo más libres posible: los cuadros, platos decorativos, pósters o adornos acumulan polvo y grasa.
● Cubra de azulejos las zonas próximas a las encimeras y superficies de trabajo para que resulte más sencillo limpiarlas.

Las ventanas

● Tenga las ventanas bien abiertas o instale un extractor mecánico. Así mejorará el intercambio de aire y reducirá la condensación que se crea al utilizar la cocina.
● Utilice persianas o estores enrollables y cortinas lavables en lugar de cortinajes pesados.

Los frigoríficos y congeladores

● Elimine regularmente el agua que se acumula en el recogegotas situado bajo el frigorífico, para evitar la proliferación del moho y las cucarachas.
● Mantenga limpios, sin polvo ni suciedad, los serpentines de enfriamiento.

Los muebles de cocina

● Utilice mobiliario que sea fácil de limpiar, como por ejemplo de madera, plástico, vinilo, piel o cristal.
● Barra o pase la aspiradora por debajo de la mesa y de las sillas a diario, con el fin de eliminar posibles fuentes de comida para las cucarachas.
● Si tiene muebles tapizados en tela, cúbralos de algún material que se pueda lavar a una temperatura de 56°C o superior, es decir, a la temperatura necesaria para matar los ácaros del polvo.

El suelo

● Elija un suelo de superficie dura, como el linóleo, la madera o las baldosas vidriadas, en lugar de moquetas o losetas de moqueta.
● El suelo ha de encajar perfectamente alrededor de la base de los armarios para que resulte fácil limpiarlo.
● Limpie de inmediato la comida que se caiga al suelo o los líquidos que se derramen.

La iluminación

● Evite los tubos fluorescentes o las pantallas de tela, de difícil limpieza, e instale puntos de iluminación halógena empotrados (con cubiertas de cristal) o tulipas de cristal, que resultan más fáciles de limpiar.

● La iluminación situada sobre la cocina o el fogón y la empotrada en la campana necesitarán una limpieza más frecuente.

Los armarios de cocina

● Decídase por armarios de acero inoxidable, madera maciza o madera prensada de baja emisión, o bien por aquéllos recubiertos enteramente de laminados de plástico. Los armarios prefabricados a menudo están hechos a partir de productos de madera prensada, que emiten formaldehído (*véase la página 71*).

● Tenga pocos adornos y ornamentos para evitar la acumulación de polvo y para que las superficies se puedan limpiar más fácilmente.

● Coloque armarios que lleguen hasta el techo para evitar que la parte superior, de difícil limpieza, acumule polvo.

Las cocinas o fogones y las campanas

● Instale una cocina o fogón eléctrico en lugar de una de gas o carbón.

● Reduzca la condensación tapando las cazuelas y no cociendo los alimentos en exceso.

● Recuerde que una campana con salida expele el exceso de humedad al exterior, mientras que una de recirculación no.

● Para mantener su eficacia, cambie o limpie los filtros según las recomendaciones del fabricante.

El fregadero y el escurreplatos

● Plantéese adquirir un ablandador de agua, beneficioso para quienes padezcan de eccema y vivan en zonas de aguas duras. Pero, dado su elevado contenido en sal, no le dé a los niños agua ablandada artificialmente ni la mezcle con fórmulas lácteas.

● Cambie las arandelas de los grifos y asegure cualquier junta que gotee. Reducir los escapes de agua contribuirá a evitar la infestación de cucarachas.

● Mantenga limpias las rejillas filtro del fregadero para eliminar una fuente de alimentación de las cucarachas.

● Coloque polvo no orgánico —gel de sílice o ácido bórico— en las grietas y hendiduras bajo la zona del fregadero (o donde sea necesario), para tener las cucarachas controladas.

Las encimeras y superficies de trabajo

● Mantenga encimeras y electrodomésticos de la cocina sin restos de comida, con el fin de evitar el moho y las cucarachas.

● Reduzca la generación de polvo guardando los objetos en los armarios.

● Utilice un enlechado impermeable para las encimeras o superficies de trabajo alicatadas.

● Asegúrese de que el enlechado se encuentra a ras de la superficie de los azulejos para evitar que se acumule comida en las grietas.

MODIFICACIONES

Deseables

● Sustituya la moqueta o las losetas de moqueta por un suelo de superficie dura.

● Instale una campana extractora con respiradero al exterior.

● Limite al máximo el número de objetos en las estanterías abiertas para reducir el polvo.

Opcionales

● Sustituya las cortinas o visillos por persianas o estores lavables.

● Reduzca al máximo los muebles tapizados en tela.

● Sustituya la cocina o el fogón de gas por una eléctrica.

PROGRAMA DE LIMPIEZA

Diariamente

● Pase la aspiradora y la fregona por el suelo.

● Retire la comida y los utensilios que utiliza a medida que va trabajando.

● Limpie de inmediato los alimentos derramados.

● Limpie las encimeras con un paño humedecido en una solución desinfectante.

● Vacíe los cubos de la basura.

● Si es preciso, limpie el horno después de utilizarlo.

Semanalmente

● Limpie el frigorífico.

● Limpie el recogegotas del frigorífico/congelador.

● Limpie todas las superficies próximas a las zonas de trabajo, alféizares y rodapiés.

Cada 1 o 3 meses

● Lave las cortinas de algodón o limpie las persianas o estores.

● Compruebe los armarios para eliminar alimentos caducados.

Cada 3 o 6 meses

● Descongele el congelador.

● Limpie las paredes, el techo y los armarios de la cocina.

CARACTERÍSTICAS CLAVE

Los principales factores que pueden empeorar los síntomas alérgicos en una cocina son el tipo de cocción utilizado y la ventilación de la habitación.

Las placas, hornos y fogones

Al cocinar, los vapores y materias particuladas en suspensión, como la grasa, generan gran cantidad de contaminación en el aire interior. Los restos de alimentos que caen sobre los quemadores son incinerados, y también emiten residuos como resultado de esa combustión.

Las cocinas eléctricas son más beneficiosas para la calidad del aire que las de gas. Éstas últimas, en las que la llama está en contacto con el aire, son una importante fuente de contaminación, porque la quema del gas desprende vapor de agua, monóxido de carbono, dióxido de carbono, dióxido de nitrógeno, dióxido de azufre y aldehídos. Si no puede cambiar la cocina, las siguientes medidas le ayudarán al menos a reducir la contaminación ocasionada por la quema de gas:

- En lo relativo al consumo de combustible y emisión de gases, las cocinas de encendido electrónico son mejores que las que poseen una llama piloto.
- Regule la llama de modo que quede reducida a la base de la cazuela.
- Siga las indicaciones relativas a la calidad del aire interior y a la ventilación (*véanse las páginas 52-59*).
- Use una campana extractora con respiradero al exterior o bien abra las ventanas mientras cocina.
- Mantenga las puertas cerradas mientras cocina para que los vapores y la condensación no se extiendan por el resto de la casa.

Existen algunas cocinas de gas —por ejemplo, algunos tipos de hornos— que

disponen de un tubo estanco. Esto significa que los residuos de la combustión, incluyendo el vapor de agua, salen directamente al exterior.

La limpieza del horno

Los productos pensados para la limpieza de los hornos son otra fuente habitual de contaminación del aire en la cocina, ya que la mayor parte de los limpiadores comerciales desprende vapores irritantes. Como alternativa, existen métodos de limpieza más seguros (*véase la página 76*). Por otro lado, muchos hornos son autolimpiables y, o bien oxidan la grasa y la suciedad que les ha caído al cocinar, o bien la queman. Pero quemar la grasa y la suciedad puede provocar vapores desagradables que irritan las alergias respiratorias. Otros hornos emplean vapor para desprender la suciedad, que usted deberá limpiar a continuación.

Algunas de las características que debería poseer una cocina sin alergenos son las superficies despejadas, muebles que resulten fáciles de limpiar, un suelo de superficie dura, una campana extractora y una ventilación eficaz.

Los métodos de cocción

Ponga siempre las tapaderas a las cazuelas y utilice sólo el agua necesaria. De este modo se reduce la cantidad de condensación generada y se ahorra energía. Una buena opción es la vaporera superpuesta: cocina diversas verduras simultáneamente en un único fuego, produciendo menos condensación. Por su parte, la olla a presión ahorra energía y conserva más nutrientes que la cocción convencional. Sofreír en un *wok* es otra forma de cocinar ahorrando energía que también conserva los nutrientes y que, gracias a la rapidez de preparación, reduce los contaminantes. Por último, no existen razones para no emplear hornos microondas desde el punto de vista de las alergias.

Las campanas

Las campanas han sido diseñadas para absorber el vapor, la grasa y los olores, y han de instalarse a la altura recomendada por el fabricante si se desea obtener de ellas la máxima eficacia. La mayoría de los modelos cuenta con un regulador de velocidad. Antes de comprarla, pida que le enciendan la campana para comprobar el ruido que produce. Un estudio realizado por una asociación de consumidores demostró que el ruido producido al funcionar era la principal razón por la cual la gente no hacía uso de sus campanas. Las que cuentan con ventiladores alejados son menos ruidosas.

Las campanas con salida al exterior: algunas campanas cuentan con conductos que dan al exterior, garantizando así que todos los residuos de la combustión y el exceso de condensación se eliminan de la casa. El aire es succionado por encima del quemador y pasa por un filtro para grasa antes de ser expulsado al exterior. Dicho filtro, que puede ser de espuma, metal o papel especial, ha de lavarse regularmente o cambiarse, y los conductos que dan al exterior deberán ser tan cortos y rectos como sea posible.

Es importante tener una ventana abierta o cualquier otra fuente de aire limpio, como por ejemplo un ventilador de ventana, para sustituir el aire eliminado por la campana. De otro modo, la campana succionará aire del resto de la casa por la vía que ofrezca menos resistencia, que puede ser por el tubo abierto de una caldera o calentador de agua en la cocina o cerca de ella, con lo que el aire renovado resultante estaría mucho más contaminado que el que sale al exterior.

Al contrario de lo que ocurre con los aparatos de tubo estanco (*véase la página 61*), un tubo atmosférico utiliza el aire de la habitación para la combustión y, a continuación, expele los residuos procedentes de ésta por una chimenea o tubo. Cuando se instale un aparato de tubo atmosférico en una casa con un extractor, como una campana, por ejemplo, sería conveniente asegurarse de que los residuos de la combustión no vuelven al interior. Si instala una campana, y una vez que los aparatos de gas hayan sido incorporados, asegúrese de que se efectúa esta prueba.

Las campanas de recirculación: no hay peligro de que las campanas extractoras que devuelven aire a la cocina por medio de un filtro succionen el aire de un tubo atmosférico. No obstante, si bien estos modelos eliminan grasa y olores, no suprimen el exceso de humedad. Si no puede cambiar la campana por una con salida al exterior, ventile bien mientras cocina abriendo una ventana o una puerta que dé al exterior, pero mantenga cerrada la puerta que comunique con el resto de la casa para evitar que la humedad escape a otras habitaciones. Además, si compra una campana nueva, tenga en cuenta los siguientes aspectos:

- El nivel de ruido cuando se encuentra en funcionamiento.
- La regulación de la velocidad.
- La facilidad para limpiar o cambiar los filtros y limpiar la campana en sí.
- Recuerde que los modelos con salida al exterior son preferibles a los de recirculación.

Esta cocina sin alergenos cuenta con armarios que llegan al techo para evitar la acumulación de polvo, persianas y muebles de madera maciza fáciles de limpiar y un suelo laminado para impedir que proliferen los ácaros.

Los muebles de cocina

Los armarios de la cocina suelen estar hechos de madera prensada, como por ejemplo de tablero de aglomerado, que desprende elevadas concentraciones de vapor de formaldehído cuando es nuevo (*véase la página 71*). Escoja armarios de tablero laminado, de madera blanda maciza o de acero inoxidable. Para las encimeras se pueden usar azulejos de gres o cerámica, granito, mármol o madera maciza.

Los frigoríficos y congeladores

Compruebe el interior y la parte inferior del frigorífico y del congelador, sobre todo las gomas de las puertas, y límpielos en caso necesario. El recogegotas deberá ser cómodo de vaciar y de limpiar. Realice esta operación cada semana para impedir la proliferación de bacterias y moho. Además, al vaciarlo, está eliminando también una fuente de agua para las cucarachas. Por otro lado, mantener limpios los serpentines de enfriamiento para que no se cubran de polvo ahorra energía y contribuye a mejorar la calidad del aire.

Procure comprar siempre alimentos naturales, sobre todo verdura y fruta fresca, pues son más ricos en antioxidantes que los alimentos procesados, que contienen elevados niveles de conservantes y aditivos. Se ha demostrado que aquellas comunidades que consumen gran cantidad de alimentos naturales frescos presentan una menor incidencia de afecciones alérgicas.

Los matamoscas

Sus sustancias químicas tóxicas contaminan el aire y los alimentos que no estén

cubiertos, y algunos matamoscas irritan las vías respiratorias. Se pueden fabricar papeles matamoscas caseros cociendo azúcar, jarabe de maíz o glucosa y agua a partes iguales, y extendiendo la mezcla en tiras de papel. Cuando ésta adquiera una consistencia pegajosa, cuelgue las tiras cerca de las puertas y las ventanas.

También se dice que algunas hierbas frescas, como la albahaca (*Ocimum basilicum*), el romero (*Rosmarinus*) y el tomillo (*Thymus*) impiden la entrada de moscas. En lugar de pulverizar sustancias químicas potencialmente tóxicas, ¿por qué no cultivar macetas de estas hierbas aromáticas en el alféizar? Además, son

Un diseño de cocina de líneas sencillas facilita la limpieza de las superficies. Observe cómo los armarios se abren sin necesidad de tiradores, y el perfecto ajuste de todos los armarios, que impide la entrada de cucarachas.

buenas como especias de cocina. Las cáscaras secas de naranja y limón y los clavos almacenados en frascos abiertos también repelen las moscas, al igual que los mosquiteros en ventanas o puertas. Pero si están situados de cara al viento también contribuirán a atrapar el polvo.

Los ablandadores de agua

Para mejorar los síntomas del eccema puede ser conveniente instalar un ablandador de agua o incluso mudarse a una zona de aguas blandas. El agua blanda, ya sea natural o artificialmente ablandada, contribuye a reducir la cantidad de detergentes, jabones y lavavajillas necesarios y las incrustaciones de tuberías y hervidores. A pesar de todo, por su elevado contenido en sal, no dé a los niños este tipo de agua artificialmente ablandada ni la utilice para elaborar los preparados lácteos de los bebés.

Los productos de limpieza

Muchos de ellos pueden irritar las afecciones de asma o rinitis, mientras que los detergentes y suavizantes pueden irritar el estado de la piel de quienes padecen eccema (*véanse las páginas 76-77*).

Los animales

Si algún miembro de la familia es alérgico a los perros o gatos, es mejor no tener-

---

CÓMO EVITAR LA FORMACIÓN DE MOHO

- Limpie todas las zonas en las que pueda formarse moho con una solución de lejía y después trátelas con un agente inhibidor del moho.
- Selle bien todos los marcos de las ventanas y cambie los marcos podridos o el entarimado agrietado.
- Tire los alimentos en mal estado.
- Elimine las migajas y los restos de comida de las superficies de trabajo.
- Limpie a menudo el cubo de la basura.
- Mantenga la humedad lo más baja posible: los mohos más comunes que

aparecen en el hogar suelen prosperar en humedades relativas superiores al 70%.
- Busque señales de moho detrás de los muebles, en los armarios y ocultas en los cajones.
- Revise el interior y la parte inferior del frigorífico y el congelador, sobre todo las gomas de las puertas, y límpielos en caso de necesidad.
- Procure que no se le caiga comida en zonas de difícil acceso, donde el moho puede crecer sin trabas.

---

los en casa. Si no resulta posible, déjelos en el jardín o en la cocina. Tenga presente que, en comparación con el del perro, el epitelio de gato es especialmente potente a la hora de provocar síntomas, ya que permanece en el aire más tiempo y está mucho más extendido por la casa.

Algunas razas de perros parecen causar una reacción alérgica menor que otras, en especial aquéllas que no mudan el pelo, como los caniches y los bichón frise. Cepille y lave a su animal fuera de la casa dos veces por semana para reducir los alergenos del hogar.

Algunos perros son alérgicos al alergeno del ácaro del polvo, y los estudios sugieren que alrededor de un 30% o un 40% de los perros padecen eccema provocado por los ácaros. Éste se suele tra-

tar con una costosa inmunoterapia o con cremas a base de esteroides, pero a menudo los síntomas se alivian cubriendo la cama del perro con el mismo tipo de funda protectora que se utiliza para la ropa de cama de las personas (*véanse las páginas 82-83*). Algunos especialistas proporcionan fundas protectoras especiales para la cama de los perros, aunque probablemente se consiga lo mismo con una funda del tamaño de una almohada, aunque no quede totalmente ajustada.

En zonas con cucarachas, alimente a su animal a determinadas horas del día y retire los restos inmediatamente después de que termine de comer. Mantenga la comida para mascotas en contenedores que se puedan cerrar bien y no deje agua fuera.

CÓMO PREVENIR LA INFESTACIÓN DE CUCARACHAS

La humedad
- Reduzca la humedad por medio de una mejora de la ventilación (*véanse las páginas 52-59*).
- Limite los recipientes con agua para los animales y cubra los acuarios, posibles fuentes de humedad para las cucarachas.
- Limpie la condensación que se forma bajo el frigorífico cada vez que vacíe el recogegotas.
- Fije las tuberías flojas y repare las posibles fugas, sobre todo en

torno a los fregaderos y lavavajillas, para que los insectos no tengan agua.

Los alimentos
- Tire enseguida los desperdicios orgánicos y mantenga limpias las zonas de trabajo.
- Guarde la comida en recipientes herméticos o en el frigorífico.
- Pase la aspiradora para eliminar las migajas, sobre todo en el comedor.
- Alimente a su mascota a horas concretas y limpie los restos después.

- Mantenga las rejillas filtro del fregadero limpias y vacías.
- Recoja los platos sucios inmediatamente después de comer.
- Mantenga limpios los electrodomésticos de la cocina.

Los accesos
- Selle las grietas y hendiduras de las paredes y de la madera.
- Selle los huecos de alrededor de las tuberías.

El baño ideal

Muchas personas consideran el baño como un espacio para la relajación y el disfrute, ya sea dándose un baño caliente o eliminando tensiones mediante una ducha agradable. Pero, además de un lugar privado y relajante, el baño también debería ser un espacio saludable para quienes sufran de alergias. Y, en términos generales, así es.

La mayor parte de los cuartos de baño cuenta con pocos muebles y suelos de superficie dura que se secan con facilidad, como el linóleo, el vinilo o las baldosas. Es un lugar poco propicio para los ácaros del polvo, y a la vez un lugar que resulta fácil de mantener limpio a poco que se cumpla la regla general de reducir los objetos superfluos al mínimo.

Junto con la cocina (*véanse las páginas 94-95*), al baño se le considera una *habitación húmeda* debido a la cantidad de vapor de agua que genera su uso diario. Por ello, mantenga bien cerrada la puerta que da al resto de la casa durante y después del baño o la ducha. De este modo se reducirá en gran medida la cantidad de vapor de agua que escape; además, si deja alguna ventana del baño abierta o instala un extractor mecánico, la mayor parte del vapor de agua escapará al exterior.

La gran cantidad de humedad que se genera durante un baño atrae a las cucarachas (*véanse las páginas 38-39*), que son la segunda causa de alergias en el mundo, superada tan sólo por el ácaro del polvo. Una de las mejores formas de combatirlas es privándolas de la humedad que necesitan. En las regiones propensas a la aparición de cucarachas esto implicará secar los lavabos, baños y cabinas de ducha nada más utilizarlos.

La decoración y los adornos

● Mantenga el mínimo posible de adornos y cuadros para evitar que se acumule el polvo.

● Elija plantas carnosas u otras especies que precisen poca agua, pues la tierra seca no favorece el crecimiento de moho.

El botiquín

● Asegúrese de que guarda las medicinas en un botiquín totalmente fuera del alcance de los niños. Tenga en cuenta que determinados medicamentos pueden provocar ataques de asma, sobre todo los que contienen aspirina, los comprimidos antiinflamatorios no esteroideos y los betabloqueadores para las afecciones cardiacas (comprimidos) o para el glaucoma (gotas oculares).

● No olvide que algunas personas son alérgicas a antibióticos como la penicilina, que en casos graves les puede llevar a un *shock* anafiláctico (*véanse las páginas 22-23*).

La bañera

● Asegúrese de que elimina los residuos de cualquier producto que emplee para limpiar la bañera y el lavabo, especialmente si tiene una piel sensible o eccema. Plantéese la utilización de un champú suave para limpiar la bañera, sobre todo si hay restos de grasa por haber utilizado aceite de baño o emolientes: límpiela aplicando el producto sin diluir; frote y aclare con ayuda de la ducha.

● Si sufre de eccema, añada antes de bañarse algún aceite de baño especial al agua.

El inodoro

● Utilice siempre guantes para usar los productos de limpieza de la taza y ventile bien. A menudo se trata de sustancias químicas que pueden provocar afecciones respiratorias o cutáneas. No emplee pulverizadores si le provocan molestias respiratorias.

El suelo

● Elija un suelo de superficie dura: madera o corcho tratados, baldosas, vinilo o linóleo.

● Utilice alfombrillas de algodón lavables mejor que moqueta o losetas de moqueta. La moqueta se secará con dificultad si se moja y la humedad puede favorecer el rápido crecimiento de la población de ácaros del polvo, así como la proliferación de moho.

Las ventanas

● Para mantener su privacidad, instale cristales traslúcidos en lugar de estores o cortinas. Si su ventana es de cristal claro será más fácil mantener sin polvo y moho un estor enrollable que unas cortinas.

● Reduzca la condensación abriendo una ventana mientras se baña y dejándola abierta un tiempo después hasta que haya desaparecido toda la condensación. o instale un extractor mecánico (*véase la página 55*). Los dobles acristalamientos también previenen la condensación.

Las paredes

● Utilice papel pintado o pintura lavables e hidrófugos para la decoración.
● Instale azulejos alrededor de la bañera y el frente del lavabo. Los azulejos se limpian con facilidad y se secan rápidamente.
● Evite las molduras recargadas, los rodapiés, zócalos y demás elementos que acumulen polvo.

La ducha y la cortina de la ducha

● Asegúrese de que las cortinas de la ducha se secan rápidamente después de su uso para impedir la formación de moho. Si de todas formas aparece el moho, elimínelo frotando con una pasta elaborada con un tercio de taza de vinagre o de zumo de limón y la misma cantidad de bórax, aclarando bien a continuación.
● Si la cortina es nueva, sáquela al sol durante unas horas para eliminar el olor, que podría resultar irritante para un asmático. Otra alternativa consiste en comprar cortinas de algodón biodegradable, que despiden menos olor.
● Plantéese la adquisición de cortinas antimoho, que se hallan impregnadas en sustancias químicas que retardan su aparición.

Las toallas

● Seque las toallas y las alfombrillas del baño en la secadora o al aire libre mejor que sobre un radiador, para evitar el incremento de la humedad interior.

Los ambientadores

● Evite el uso de ambientadores químicos en el baño, ya que pueden irritar las vías respiratorias sensibles; o pruebe con las siguientes alternativas más suaves:
● Coloque en lo alto de una estantería un cuarto de taza de vinagre blanco o un cuenco con arena para gatos para desodorizar eficazmente esta habitación.
● Si tolera los productos pulverizados, disuelva una cucharadita de bicarbonato de sosa y una cucharadita de jugo de limón en dos tazas de agua caliente. Coloque la mezcla en un pulverizador y utilícelo a modo de ambientador.
● Un cuenco de popurrí resulta muy eficaz, pero el olor puede provocar síntomas respiratorios en algunas personas alérgicas.

MODIFICACIONES

Esenciales

● Mantenga la puerta cerrada durante el baño o la ducha para evitar que el vapor de agua salga al resto de la casa.
● Abra una ventana después o instale un extractor mecánico para eliminar la humedad.
● Sustituya la moqueta por un suelo de superficie dura.

Deseables

● Si fuera necesario, trate las zonas en las que haya moho con un inhibidor de moho.
● Si es sensible a los olores fuertes, sustituya los productos perfumados por otros.

PROGRAMA DE LIMPIEZA

Diariamente

● Seque todas las zonas en las que se forme condensación después de utilizar el baño.
● Seque el suelo del baño después de cada uso.
● Limpie el inodoro y desinféctelo por la noche.
● Seque el lavabo y la bañera después de cada uso si vive en una zona de cucarachas.

Semanalmente

● Pase la aspiradora o un paño húmedo por rodapiés o alféizares.
● Friegue el suelo y mantenga abierta la ventana o el extractor hasta que se seque.
● Lave los soportes o vasos de los cepillos de dientes.

Cada 3 o 6 meses

● Lave las cortinas a 56°C o más. o añada bencilbenzoato a los materiales que lave a temperaturas inferiores.
● Si fuera necesario, trate la cortina de la ducha con un inhibidor de moho.

LOS ARTÍCULOS DE TOCADOR

Los cosméticos o artículos de tocador pueden provocar reacciones de irritación o de alergia por contacto. Algunos de estos productos potencialmente problemáticos son los jabones, champús, dentífricos, leches limpiadoras, cremas hidratantes, sombras de ojos, lápices labiales, lacas de uñas, tintes u otros productos para el cabello, artículos perfumados (desodorantes, lociones para después del afeitado, perfumes), protectores solares y bronceadores.

Las reacciones irritantes

Es más probable que se dé una reacción a los cosméticos en aquellas personas con tendencia a padecer alergias o en personas de piel clara. Los síntomas habituales de que un cosmético está produciendo una reacción irritante son:

- Descamación.
- Enrojecimiento y picor asociado.
- Los síntomas no muestran tendencia a extenderse más allá del lugar en el que se ha aplicado el cosmético en cuestión.

Es más probable que se dé una reacción irritante allí donde la capa superficial de la piel es más delgada —los párpados o el dorso de las manos—, o bien donde la piel se encuentra cubierta, como entre los dedos o bajo los anillos. Suele tratarse de un problema leve, que se resuelve evitando el contacto con el agente agresor. Las reacciones irritantes graves son escasas y a menudo se manifiestan en la peluquería,

Si sufre de eccema, aplíquese emolientes tras el baño o la ducha, pues contribuyen a mantener la piel en buen estado y es menos probable que desarrolle la enfermedad.

donde la piel entra en contacto con sustancias muy alcalinas, como un tinte para el cabello o la solución empleada en una permanente. Dentro de casa, si padece de piel sensible o eccema evite que las manos entren en contacto con champús y productos para el cabello usando unos ligeros guantes de polietileno (como los de las peluquerías). No se aplique lociones, cremas o tintes para el cabello sin ellos y evite el uso de espumas y gominas.

Si siente aunque sea sólo una sensación de picor nada más utilizar un deter-

¿QUÉ SIGNIFICA LA ETIQUETA?

La palabra *hipoalergénico* suele aparecer en los cosméticos y en los productos para el cuidado de la piel. *Hipo* significa *menos* o *reducido*, y la mayor parte de ellos no contienen perfumes. Dado que las fragancias son una causa habitual de alergia, la probabilidad de que un cosmético sin perfume provoque una reacción alérgica será lógicamente menor.

También suele aparecer en las etiquetas la expresión «apto para pieles sensibles», que a menudo se interpreta como que el producto resulta adecuado para personas que suelen sufrir reacciones de algún tipo, como enrojecimiento o picor. Aproximadamente un 20% o un 30% de las personas cree que tiene la piel sensible.

minado cosmético, interprételo como una señal de que sería conveniente interrumpir su uso.

Las reacciones por contacto

La reacción alérgica por contacto es una respuesta inmunitaria a alguna sustancia química que se encuentra en el cosmético, probablemente un conservante. Los conservantes son uno de los alergenos más potentes de los cosméticos y, por lo general, los mejores conservantes son los alergenos más potentes. Provocan dermatitis por contacto al tocar la piel y, además, puede darse una propagación secundaria si se tocan otras partes del cuerpo con las manos previamente contaminadas con dicho alergeno.

Las sustancias químicas utilizadas para elaborar perfumes son otra fuente habitual de alergenos. Alrededor del 10% de las personas que fueron objeto de estudio por sus afecciones cutáneas similares al eccema resultó ser sensible a las fragancias. Otros alergenos de cosméticos son los tintes para el cabello y la resina que contiene la laca de uñas.

Cómo elegir un producto

Por lo general, los cosméticos son fórmulas relativamente sencillas modificadas por razones de marketing. Hay muchos productos sin perfume para pieles sensibles a un precio razonable, pero tenga en cuenta que no siempre un

Utilice jabones o aceites sin perfume en el baño. Para los niños, emplee únicamente aceites de baño de preparación especial.

producto caro implica una buena tolerancia. Si va a comprar un producto para alguien que sufra eccema, solicite antes una muestra de prueba.

EL CUIDADO DE LA PIEL PARA QUIENES PADECEN DE ECCEMA

El cuidado de la piel, sobre todo el empleo de hidratantes, es un elemento clave a la hora de aliviar los síntomas del eccema y ayudar a que la piel sane. Contrariamente a la creencia popular, tomar un baño a menudo puede resultar beneficioso, ya que incrementa la hidratación de la piel. Añada aceites de baño para el eccema en lugar de los habituales geles, que secan la piel. Y, después de bañarse, aplique una crema hidratante para la piel.

En el baño
● Use jabones o aceites no perfumados, y aceites especiales para quienes sufren de eccema.
● Séquese con una toalla mediante ligeros golpecitos.

● Después del baño, aplíquese hidratantes con generosidad. Mientras que las cremas con corticoides sólo deberían usarse por prescripción médica, no hay límite para la cantidad de hidratantes que puede utilizar.

La aplicación de cremas e hidratantes
● Mantenga las uñas cortas y lávese las manos antes de aplicarle cremas o hidratantes a alguien con eccema. Ejerza un leve masaje circular con pequeñas cantidades de crema.
● Favorezca la absorción y evite que el afectado se rasque cubriendo la zona afectada con una gasa de algodón estéril. Si se trata de un niño, asegúrese de que tiene las uñas cortas. Para ello, utilice una lima de cartón.

● Con niños que sufran de eccema grave, plantéese la posibilidad de envolver al pequeño con vendas húmedas por la noche. Para ello, primero habrá de cubrirlo con hidratantes. Déjele los pulgares libres para que pueda coger cosas.
● Utilice hidratantes con regularidad para mantener la piel hidratada. Empléelos frecuentemente y con generosidad aunque el eccema parezca haber desaparecido, porque la resistencia de la piel será reducida durante al menos otros cuatro o cinco meses desde ese momento.
● Existen hidratantes y aceites de baño sin lanolina para quienes sean alérgicos a esta sustancia.

El despacho ideal

En el futuro, cada vez más personas trabajarán en casa, y el cambio desde el despacho de la empresa al de casa a menudo conlleva la conversión de una estancia en zona de trabajo. Pero, incluso si seguimos yendo a trabajar fuera de casa, hoy en día resulta frecuente la necesidad de un estudio casero.

Si usted trabaja en casa, la situación del despacho será cada vez más importante para su estado de salud. Es importante, por ejemplo, efectuar pausas y salir de casa de vez en cuando, pues de otro modo pasarán los días sin poner un pie en la calle. Si esto sucediera, el entorno global de su hogar ejercerá una influencia determinante sobre su salud. Para las personas alérgicas, merece la pena recapitular y volver a los apartados *El dormitorio ideal* y *La sala de estar ideal* (*véanse las páginas 80-83 y 90-93*), pues muchos de los factores que allí se comentan se pueden aplicar también al despacho.

Los principales focos de ácaros del polvo en la zona serán la moqueta y los muebles tapizados en tela, como la silla. A este respecto resultan válidas las mismas directrices que entonces: mantenga la humedad al nivel mínimo posible, no acumule objetos innecesarios, elija paredes lisas y adquiera muebles de líneas sencillas para que resulte fácil limpiar el polvo. Además, parte de los objetos puede producir emisiones no deseadas, como los disolventes de los fluidos correctores o el ozono que desprenden los aparatos eléctricos. Por otra parte, un mobiliario mal diseñado y una iluminación o ventilación deficientes pueden ser fuentes de estrés que causen problemas de salud como las lesiones por esfuerzos repetitivos (RSI).

Las paredes

● Utilice pintura o papel lavable con acabado no texturado. Tenga en cuenta que las paredes lisas acumulan menos polvo y se limpian mejor.
● Cada semana, pase un paño húmedo a los zócalos o a los muebles para impedir la acumulación de polvo.
● Si está llevando a cabo reformas en las paredes, plantéese la supresión de zócalos o barras para los cuadros.

Las librerías

● Coloque los libros en estanterías con puertas de cristal para que no acumulen polvo.
● No amontone libros, periódicos viejos ni revistas en el despacho (ni en ninguna otra parte de la casa). Éstos absorberán la humedad y favorecerán la aparición de moho. Tire todos los libros o papeles que huelan a humedad o a moho porque, incluso si los seca, seguirán conservando esporas de moho.

Las sillas de despacho

● Evite las sillas tapizadas en tela y acolchadas. La mejor opción son las sillas de piel, ya que resulta fácil quitarles el polvo que pudieran acumular. Además, es probable que pase mucho tiempo sentado en el despacho, así que preste especial atención a la elección del tipo de silla adecuado.
● Si pasa mucho tiempo ante el ordenador, haga pausas con regularidad para evitar alguna lesión por esfuerzos repetitivos (RSI).
● Asegúrese de que la silla está a la altura y en la posición adecuadas, pues los dolores y tensiones generales suelen estar ocasionados a menudo por muebles mal ajustados. Cuando utilice el teclado, los antebrazos y las manos deberían estar al mismo nivel que éste.

El suelo

● Instale un suelo de superficie dura, como el vinilo, el linóleo, la madera maciza o la tarima, que son siempre más recomendables que una moqueta.

Los adornos

● Para evitar la acumulación de polvo en el despacho, coloque el menor número posible de premios, recuerdos o adornos. Todo aquello que desee tener a su lado deberá hallarse en una vitrina y no en estanterías abiertas o en las paredes.

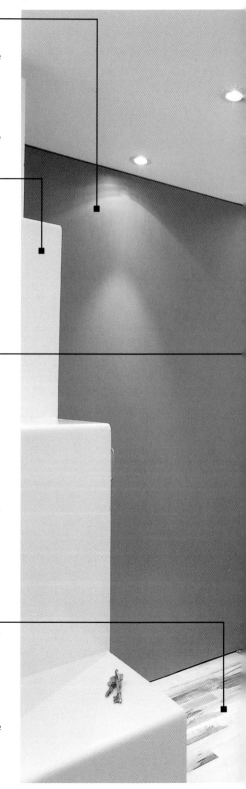

Las ventanas

● Si es alérgico al polen y ha de mantener las ventanas cerradas, plantéese la utilización de un aparato portátil de filtración de aire equipado con un filtro HEPA (*véase la página 58*).

● Sitúe la pantalla del ordenador donde no le dé el reflejo de la luz de la ventana.
● En climas cálidos y húmedos, use aire acondicionado, pero tenga en cuenta que éste no sustituirá el aire interior por aire exterior.

Los aparatos eléctricos

● Apague los ordenadores, fotocopiadoras e impresoras láser cuando no los vaya a usar durante algún tiempo, ya que este tipo de aparatos emiten ozono. En una habitación mal ventilada en la que esté funcionando una fotocopiadora las concentraciones de ozono pueden incrementarse hasta alcanzar niveles potencialmente dañinos, porque el ozono puede empeorar los síntomas alérgicos. Infórmese en alguna asociación de alergología sobre los supresores de ozono homologados. A ser posible, mantenga las fotocopiadoras en un espacio independiente y bien ventilado.
● Tenga en cuenta la facilidad de limpiarlos a la hora de adquirir aparatos nuevos: las superficies lisas acumulan menos polvo y se limpian con más facilidad.
● Use fundas protectoras transparentes para los teclados y pantallas conductoras de entramado fino para los monitores, pues reducen la electricidad estática, que atrae partículas de polvo.

El mobiliario de oficina

● Tenga cuidado con los muebles de madera prensada (*véase la página 71*), pues emiten formaldehído. Elíjalos preferentemente recubiertos de laminado plástico, pues esto reducirá la emisión. Evite las superficies de madera prensada sin ninguna capa protectora.
● En la medida de lo posible, escoja muebles de acero inoxidable, plástico o madera maciza. Los muebles modernos a menudo están hechos de madera prensada recubierta de una lámina de madera.
● Reduzca al mínimo el mobiliario de oficina, independientemente del material con el que esté elaborado. Esto reduce al máximo la acumulación de polvo y facilita la limpieza.
● Deje espacio para que circule el aire detrás de muebles y archivadores. Así evitará los puntos fríos y el moho.
● Utilice papeleras de metal o plástico, pues se limpian con más facilidad que la de tela o mimbre.

La calefacción

● Plantéese instalar un sistema de calor radiante, pues levanta menos polvo que los radiadores de aire a presión.
● Baje el termostato para controlar la población de ácaros. No olvide que los aparatos eléctricos también generan calor.

Deseables

● Cambie las sillas tapizadas en tela por otras de vinilo o piel.
● Asegúrese de que la ventilación del despacho es eficaz.
● Debido al ozono que genera, coloque la fotocopiadora en otra habitación bien ventilada.

Opcionales

● Baje la temperatura para prevenir los ácaros del polvo.
● Sustituya la moqueta por un suelo de superficie dura.
● Sustituya las cortinas por estores.

PROGRAMA DE LIMPIEZA

Diariamente

● Limpie o pase la aspiradora al suelo de superficie dura o a las alfombras de algodón.
● En caso de que la hubiera, pásele la aspiradora a la moqueta, sobre todo en torno a los sillones y el sofá.
● Vacíe la papelera todos los días y elimine cualquier resto de comida para no fomentar la aparición de cucarachas o moho.

Semanalmente

● Pase la aspiradora, un paño húmedo o uno que atraiga el polvo a las sillas, muebles, adornos, alféizares, repisas, molduras y barras para cuadros.
● Elimine cuanto antes los papeles viejos o innecesarios.
● Utilice los accesorios de la aspiradora para limpiar los aparatos eléctricos. Algunos modelos incluyen accesorios para teclados.

Cada 3 o 6 meses

● Lave las cortinas o limpie los estores.
● Lave las alfombras de algodón.

La reforma ideal

A veces necesitamos espacio en casa para instalar un despacho o una habitación para los niños. En estos casos, una alternativa a cambiar de domicilio es reformar el desván o el sótano. Lo mismo que al construir una casa nueva (*véanse las páginas 116-117*), ésta es la ocasión perfecta para instalar medidas que reduzcan los alergenos y ahorren energía.

Cualquier obra de reforma genera enormes cantidades de polvo, algo que puede constituir un problema para quienes padecen de alergias respiratorias o eccema. Igualmente, cuando se levantan tablas viejas del suelo existe siempre el riesgo de que las esporas de moho se extiendan por toda la casa. Por todo ello, los individuos alérgicos muy sensibles al polvo o al moho tal vez deban considerar seriamente la posibilidad de mudarse durante la fase de la obra en que se levante más polvo.

Una forma de reducir este problema es pasar la aspiradora varias veces al día, porque barrer hace que el polvo pase al aire, donde puede causar aún más problemas. Además, si es posible, aísle la zona de trabajo para reducir la cantidad de polvo y vapores que entran en el resto de la casa. Aparte de cerrar las puertas interiores, tape con cinta adhesiva las rendijas o cuelgue cortinas de plástico en los puntos estratégicos entre la zona de obras y el resto de la casa.

Por último, el uso de un deshumidificador ayudará a secar el cemento y la escayola recientes y a eliminar parte de la humedad que desprenden (a veces hasta un año después de su aplicación), y una buena ventilación reducirá los olores de la pintura y materiales de construcción nuevos.

Los aislamientos

● Instale aislamientos de láminas de metal, poliéster o virutas de vermiculita mejor que aislamientos de fibra. Incluso las bajas concentraciones en el aire de partículas de aislante pueden irritar las vías respiratorias y causar tos y respiración sibilante en algunas personas alérgicas.

La humedad

● Compruebe el tejado con regularidad para prevenir la aparición de humedades. Si algún canalón se obstruye se desbordará, haciendo que el agua sature el terreno que rodea la casa y permitiendo quizá que la humedad pase a los cimientos del sótano.

El tratamiento de la madera

● Manipule con cuidado los productos para el tratamiento de la madera, pues podrían irritar la piel y las membranas mucosas y causar dolores de cabeza, mareos o náuseas. Muchas fórmulas para proteger la madera de los insectos o los ataques de hongos contienen sustancias químicas potencialmente tóxicas y, además, a menudo se disuelven en VOC (*véanse las páginas 68-69*).

● Si sufre de asma o rinitis graves y el tratamiento de la madera resulta completamente necesario, múdese de casa hasta que el olor desaparezca. Elija conservantes de base acuosa, ya que poseen niveles menores de VOC.

La iluminación

● Las lámparas de pie resultan útiles en los techos abuhardillados, donde es difícil instalar iluminación empotrada. Producen una luz muy agradable, pero requieren una limpieza más frecuente que estas luces empotradas.

Los conductos y respiraderos

● Limpie bien los conductos de ventilación o del aire acondicionado para eliminar todo el polvo y los escombros que puedan haber entrado durante las obras (*véanse las páginas 116-117*). Si no, las finas partículas procedentes de los escombros, que son potenciales irritantes respiratorios, podrían circular por los conductos y llegar al interior a través de los respiraderos de las habitaciones.
● Compruebe los respiraderos de aire exteriores e interiores para asegurarse de que no se han bloqueado ni se han dañado durante las obras. De lo contrario, su sistema de ventilación o de aire acondicionado podría no funcionar bien.

● Por tanto, utilice puntos de luz empotrados, que tienen un sellado hermético entre la luz y el techo. Así se impide que se filtre aire por las juntas, evitando la condensación y la pérdida de energía.

Las ventanas

● Instale ventanas con doble acristalamiento, de gran eficacia para reducir la condensación y ahorrar energía.
● Plantéese la adquisición de ventanas con persianas replegables en su interior.
● Piense en colocar las ventanas de manera que aproveche al máximo la luz natural.

Los muebles tapizados en tela

● Tenga muebles de cuero y vinilo en lugar de tapizados en tela. Los muebles de tela deberían contar con fundas de quita y pon lavables a temperaturas elevadas, para así matar los ácaros.
● Asegúrese de que los cojines disponen de fundas lavables, o bien plantéese la adquisición de una funda protectora interior antiácaros. Una vez lavados, séquelos a conciencia para impedir la formación de moho.

La calefacción

● Plantéese la instalación de un sistema de calefacción por calor radiante en forma de paneles en las paredes o los rodapiés. La calefacción bajo el suelo da calor a los pies en los suelos de superficie dura.
● Evite la calefacción central por aire a presión, que puede levantar polvo en las habitaciones, al igual que los calefactores de aire y los radiadores por convección, aunque si el polvo es escaso éste será un problema menor.

El suelo

● Instale un suelo de superficie dura (por ejemplo, baldosas, madera o linóleo), que no alberga polvo ni otros alergenos.
● Si no desea un suelo de superficie dura, elija una moqueta sintética de pelo corto mejor que una de lana y de pelo largo. Según algunos estudios, las moquetas sintéticas de pelo corto son más fáciles de limpiar con la aspiradora y la carga estática ayuda a retener los alergenos entre limpieza y limpieza, evitando que pasen al aire. Una vez instaladas, es importante pasarles la aspiradora regularmente a todas las moquetas para reducir los ácaros del polvo y los alergenos.
● Mantenga la habitación bien ventilada hasta que desaparezca el olor de la moqueta recién instalada. Evite los refuerzos de espuma, ya que desprenden formaldehído.
● Trate los suelos de madera, ya que resultan más fáciles de limpiar que los no tratados, al presentar huecos a través de los cuales se puede filtrar polvo de debajo.

FACTORES ALÉRGICOS

El polvo, la condensación y el moho se generan a menudo en sótanos mal ventilados y sin calefacción, creando problemas que pueden afectar a la salud de toda la familia. Tanto si quiere convertir el sótano en un espacio más habitable como si no, sigue siendo importante considerarlo parte del entorno doméstico, dada la repercusión que puede tener en la calidad general del aire de la casa.

Un sótano húmedo es una fuente constante de humedad para el resto de la casa, ya que incrementa la humedad relativa de todo el hogar, y esta humedad crea a su vez condiciones favorables para el moho. Además, el polvo de un sótano poco usado acaba por invadir el resto de la casa.

A menos que esté dispuesto a hacer mucha obra para mejorar la ventilación y el aislamiento de un sótano húmedo, lo mejor puede ser simplemente aislarlo del resto de la casa, pero, si desea conservar una buena accesibilidad, será importante hallar y eliminar las causas de la humedad.

El problema de la humedad

Dependiendo de las causas y de la gravedad de la humedad en el edificio, puede que se vea obligado a efectuar mejoras estructurales, como instalar un suelo nuevo con aislante contra la humedad o el vapor, o bien construir una nueva pared interna de mampostería que se pueda sellar y aislar. Si no es necesario realizar modificaciones estructurales o si éstas son demasiado costosas, también puede adquirir un deshumidificador portátil o un aparato de aire acondicionado (*véanse las páginas 58-59*) para mantener el sótano seco. Si el problema de humedad se encuentra en el interior de un armario, los recipientes de cristales desecantes pueden contribuir a reducir la humedad y, por tanto, la proliferación de moho. Los radiadores eléctricos de acumulación también pueden ayudar a mantener el sótano más cálido y menos húmedo.

No deben ponerse alfombras o moqueta sobre un suelo de cemento si no se incorpora algún tipo de aislante contra la humedad o el vapor. La diferencia de temperatura entre el suelo y el sótano puede generar condensación, que pasará a través del piso, haciendo que se forme moho bajo cualquier revestimiento. Por último, no pase por alto lo más obvio: una de las razones más comunes de humedad en el sótano es un electrodoméstico con fugas, como una lavadora, o una gotera lenta procedente de una tubería.

Este cuarto de planchar tiene características que ayudan a eliminar los alergenos: muebles de líneas sencillas hasta el techo, superficies despejadas y secadora con respiradero.

UN BUEN TRASTERO EN LOS SÓTANOS Y DESVANES

Almacene los objetos en lugares secos y bien ventilados para protegerlos del moho. Por contra, tenga cuidado con los lugares fríos y mal ventilados, pues favorecen la condensación.

Si pretende usar el sótano o el desván como trastero, asegúrese de que la habitación está seca y bien ventilada para evitar la formación de condensación y de moho. Mantener los objetos secos depende también de que la estancia cuente con un buen aislamiento y de que en el sótano no haya humedad o el tejado no presente goteras que se filtren al desván.

En un sótano mal ventilado y sin calefacción, la temperatura y la humedad relativa variarán dependiendo de la temperatura de la casa y de la del suelo. A veces la humedad relativa es elevada en los sótanos, lo que produce condensación y un entorno favorable para la proliferación de moho. Éste lo invadirá todo: archivadores, libros, muebles, revistas y prendas de vestir.

El aislamiento

Las láminas de metal, el aislamiento de poliéster o las virutas de vermiculita son preferibles al aislamiento de fibra fina y en polvo. También existe uno en forma de pulverizador de espuma de escaso olor que resulta seguro a las venticuatro horas de su aplicación. A pesar de todo, es posible que algunas fibras o partículas consigan pasar al aire a través de las rendijas de la pared o el techo. En ese caso pueden actuar como irritantes y provocar en las personas alérgicas síntomas como tos y respiración sibilante.

No se debe emplear aislamiento de espuma de urea-formaldehído (UFFI), ya prohibido en muchos países, pues contiene elevados niveles de resina ureica que emite formaldehído al aire incluso durante meses después de su instalación.

Un tejado impermeable

Vigile regularmente el tejado, sobre todo tras las tormentas, pues pueden desprenderse tejas o fragmentos de pizarra. Asegúrese de que los canalones y tubos de bajada de aguas no están obstruidos, pues el exceso de agua bajará por el tejado, saturará las paredes exteriores, el terreno y acabará produciendo humedad en el desván y en el sótano. Es probable que aparezca moho en los canalones obstruidos o en un tejado plano con malos desagües. Mientras se reparan estas zonas, puede que se liberen grandes cantidades de esporas de moho que causen problemas a algunas personas alérgicas. En estos casos es posible que los individuos sensibles tengan que mudarse mientras duren las obras.

Los problemas con las habitaciones del sótano

Por lo general, los sótanos son espacios auxiliares de la casa. Si desea utilizar esta zona como cuarto de planchar, instale un extractor para eliminar el exceso de humedad. Las secadoras, por su parte, deberán contar siempre con un respiradero al exterior. Hay dispositivos de recuperación del calor que recuperan aire caliente procedente de la secadora hacia la casa, pero no son recomendables, ya que es poco probable que filtren bien las finísimas partículas que se hallan en suspensión.

Siempre cabe la posibilidad de que una lavadora presente una fuga o que un congelador se descongele, provocando una pequeña inundación. Con el objeto de anticiparse a estos problemas, el sue-lo de un cuarto de planchar ubicado en el sótano deberá incorporar un sumidero que elimine el agua. Además, si se produce una inundación puede utilizar un deshumidificador portátil.

La calderas u hogares a veces se encuentran en los sótanos. Una caldera de gas de tubo estanco garantiza que el aire utilizado para la combustión procede del exterior, y que los gases de la combustión van a parar fuera. Esto elimina la necesidad de una ventilación adicional y le quita la preocupación de que escapen por el interior residuos de la combustión mezclados con el aire. Las calderas de gas de condensación son mucho más eficaces que las convencionales, puesto que extraen calor de los gases de combustión que, de otro modo, pasarían al aire exterior. Algunos modelos presentan una eficacia del 98% en comparación con las calderas convencionales, cuya eficacia es de alrededor del 70% (*véanse las páginas 50-59*).

El sótano como habitación de invitados o de recreo

Es importante mantener un calor de fondo en estos sótanos que se usan sólo de vez en cuando, pues incluso un bajo nivel de calor impedirá la formación de condensación y moho. Por último, puede que resulte tentador amueblar los sótanos usados como salas de juegos o de recreo con sofás o sillones de segunda mano, pero cuidado, pues a menos que sean de piel o vinilo probablemente estarán llenos de ácaros del polvo y alergenos.

Fuera de casa

Aunque muchas de las alergias que padece la gente son producidas por factores que se hallan dentro del hogar, existen también algunas medidas prácticas que se pueden tomar para mejorar el entorno exterior: el colegio de su hijo, por ejemplo, o el lugar de trabajo, con el objeto de reducir la amenaza que suponen el eccema, al asma, la fiebre del heno y demás afecciones alérgicas. Claro que el grado de control fuera de casa no podrá ser el mismo, pero a menudo sí podrá adaptar sus conocimientos sobre las alergias e irritantes del hogar a estas otras situaciones. Tal vez ello implique asegurarse de que su hijo toma su medicina antes de ir de excursión al campo, o de que sólo se utilizan productos sin perfume para limpiar la oficina.

Una de las zonas de fuera de casa que supone un auténtico peligro para el alérgico es el jardín. Aquí los factores desencadenantes obvios son el polen, las esporas de moho y los alergenos por contacto. Sin embargo, existen muchas formas de reducir o incluso prevenir estas alergias. Las estrategias van desde colocar con cuidado los cubos de composte hasta plantar únicamente especies bajas en alergenos (*véase la página 138*). No obstante, en comparación con el asma y la fiebre del heno, resulta mucho más sencillo prevenir las alergias cutáneas: tan sólo hay que evitar determinadas plantas. Tener alergia al polen o al moho no convierte necesariamente al jardín en un territorio prohibido.

Otros entornos fuera del hogar con los que los alérgicos deben tener cuidado son el coche y el garaje, los destinos de vacaciones y las visitas a las casas de otras personas.

El composte

● A la hora de preparar su composte o abono procure utilizar un sistema cerrado en lugar de abierto, para evitar que pasen al aire esporas fungosas.
● Mueva regularmente el montón de composte para que el material que está en contacto con el aire se renueve constantemente, y de este modo evitar la formación de hongos.
● No deje que la persona alérgica mueva el composte o lo esparza por el jardín.
● Si es alérgico, evite zonas del jardín en las que se haya extendido composte recientemente.

Las zonas de juego de los niños

● Si los niños son alérgicos a la hierba, ponga baldosas de goma como las que se emplean en las áreas de juegos, en lugar de hierba. Las baldosas se pueden limpiar con una manguera para eliminar la suciedad, polen, esporas fungosas y desechos de origen animal. Compruebe que su hijo no tiene alergia a la goma (látex).
● Otra alternativa es el césped artificial que se emplea en algunas pistas de tenis y campos de fútbol.
● Para crear una zona de juegos sin alergenos, disponga una capa de unos 30 cm de arena que no manche sobre grava gruesa. Valle la zona para que no entren gatos.

El césped

● Sustituya el césped por plantas bajas que cubran el suelo, como la *Vinca minor*, que no producen polen.
● Si desea dejar el césped, siéguelo a menudo para tenerlo corto y evitar que produzca flores y, por tanto, polen.
● Evite las desbrozadoras: levantan la savia y hacen que entre en contacto con la piel.
● Recoja enseguida el césped cortado que queda tras la segadora.
● No camine con los pies descalzos si el contacto con la hierba le provoca eccema y urticaria.

El suelo

● Tenga un suelo de superficie dura y fácil limpieza en las habitaciones de acceso al jardín. El vinilo, el linóleo, la madera maciza o las baldosas vidriadas le permitirán eliminar la suciedad, el polen, las esporas fungosas, los restos de césped cortado y los desechos de origen animal que se introducen en la casa. Es bueno insistir en que todo el mundo se descalce antes de entrar en la casa.

Las sustancias químicas del jardín

● Evite la aplicación de herbicidas utilizando plantas que cubran el jardín y mantos bajos en alergenos para frenar las malas hierbas.
● Utilice plantas resistentes y elija especies que crezcan en el suelo de forma natural.

● Fumigue los áfidos u otras plagas con jabón líquido y agua y, después, retírelos.
● Una trampa eficaz para las babosas es una jarra de cerveza hundida en el suelo. Además, una cubierta de grava gruesa desalienta a veces a los caracoles y babosas.

Los setos

● Evite los setos de plantas como el ciprés, que puede provocar dermatitis, y otras, como el ligustro (*Ligustrum*), que puede causar síntomas de asma y fiebre del heno.
● Elija las plantas para setos tupidas: acumulan menos polvo, polen y esporas fungosas.
● Sustituya los setos por una valla cubierta por plantas trepadoras bajas en alergenos, como por ejemplo la madreselva no perfumada (*Lonicera*).

Las plantas

● Evite las plantas de aromas fuertes, ya que es mucho más probable que provoquen asma o fiebre del heno en las personas sensibles que las especies menos olorosas. Sobre todo, evítelas cerca de las zonas de estar o de juegos.
● No plante en lugares próximos a los senderos del jardín hierbas aromáticas que liberen su aroma (aceites esenciales) al aplastarlas, pues allí es fácil pisarlas por accidente. Plántelas alejadas en macizos elevados.
● Tenga cuidado si emplea helechos en el jardín, ya que se ha demostrado que las esporas del helecho provocan fiebre del heno en algunas personas sensibles.

Los invernaderos y porches

● Trate la galería como una parte más del hogar, pues contribuirá a mejorar la calidad del aire de la casa.
● Instale dobles acristalamientos para evitar la condensación e impedir la formación de moho.
● Si va a construir un nuevo invernadero o galería, plantéese la instalación de una calefacción bajo el suelo, ya que este sistema levanta poco polvo.
● Elija plantas que necesiten poca agua y añada una capa de grava por encima de la tierra para impedir la formación de moho. Las plantas incrementan la humedad general de la casa, favoreciendo la aparición de moho y de ácaros del polvo.
● Si tiene muchas plantas, abra las ventanas o piense en emplear un deshumidificador para controlar la humedad.

El mobiliario para la galería

● Evite los muebles tapizados en tela, pero tenga en cuenta también que los tradicionales muebles de mimbre y caña resultan difíciles de limpiar.

LAS ALERGIAS CUTÁNEAS

Elimine todas las plantas que sean alergenos o irritantes cutáneos, pero, si desea plantar algunas en el jardín, tome estas precauciones:
● Plante las especies problemáticas lejos de los senderos, para impedir el contacto accidental.
● Evite todo contacto con plantas como la ruda (*Ruta*), que provoca fotodermatitis los días cálidos y soleados. La fotodermatitis es el resultado de exponer la piel a una planta bajo la luz del sol, y basta con un ligero contacto para que se produzcan graves ampollas.
● Lleve camisas o blusas de manga larga para protegerse.
● Lleve pantalones largos, sobre todo cuando utilice una desbrozadora, con el fin de proteger las piernas.
● Utilice un sombrero para protegerse las orejas, la frente y el cuero cabelludo.
● Lávese siempre las manos después de una sesión de jardinería.

Si una planta le irrita la piel:
● Lávese bien la zona con agua y evite la exposición al sol durante un día o dos.
● Procure no frotarse ni rascarse la zona afectada.
● Si la irritación empeora, acuda al médico.

Conocer su cuadro alérgico le permitirá tomar precauciones:
● Averigüe cuáles son los factores desencadenantes de su alergia.
● Mantenga un listado diario de los síntomas, de su gravedad y de las condiciones meteorológicas.
● Tenga en cuenta su cuadro alérgico personal para decidir cuándo puede trabajar sin problemas en el jardín.

FACTORES DESENCADENANTES E IRRITANTES ALÉRGICOS

Las personas alérgicas deberán tomar algunas precauciones al salir de casa.

Las abejas y las avispas

Si es usted sensible a las picaduras de las abejas o las avispas, tenga cuidado mientras se encuentra al aire libre. No ande descalzo sobre hierba, por donde suelen volar las abejas que están libando las flores. Aléjese de los troncos que puedan albergar nidos, y compruebe que no hayan entrado abejas o avispas en el coche. Por último, si ve una abeja o avispa, mantenga la calma.

Las moscas y los mosquitos

La reacción adversa a las picaduras de moscas o mosquitos suele consistir en una hinchazón anómala en la zona afectada, bastante marcada en algunas personas, y que provoca una irritación prolongada. Normalmente, los síntomas se alivian tomando antihistamínicos y aplicando una crema antiirritante.

Evite los lugares donde se reproducen los insectos que puedan picarle, como las cercanías de los estanques y arroyos, sobre todo a las horas en que son más activos (al caer la tarde). Si se encuentra en alguno de estos lugares a esta hora del día, procure llevar prendas de manga larga y pantalones largos, y aplíquese un repelente de insectos sobre las partes del cuerpo expuestas, sobre todo en los tobillos. A veces los repelentes contienen fuertes sustancias químicas que preferiría evitar. Si es así, pruebe con vinagre blanco.

Los trayectos en coche

Los coches modernos incorporan filtros de polen en el sistema de ventilación y disponen de aire acondicionado. Esto puede ser de utilidad para las personas alérgicas al polen, ya que así pueden mantener las ventanillas subidas incluso en las épocas más calurosas. En el lado negativo, el típico olor de los vehículos nuevos se debe a las sustancias químicas de la tapicería o a las emisiones de otros componentes. Para acelerar el proceso de eliminación de olores, deje el coche al sol con las ventanillas bajadas y limpie el interior con algún producto limpiador sin perfume. Si las fragancias le resultan irritantes, evite los ambientadores.

Con el fin de combatir el alergeno del ácaro, evite las fundas y los cojines de tela para asientos, a menos que se puedan lavar y secar con facilidad, y utilice alfombrillas de goma (látex) que pueda quitar y lavar. Estas medidas, unidas a un uso frecuente de la aspiradora, le ayudarán a mantener bajo control la población de ácaros del polvo.

En cada parte del mundo crecen especies de árboles, arbustos, plantas herbáceas y maleza que son típicos de esa zona y que pueden resultar fuertemente alergénicas. Si tiene dudas sobre el tema, consulte a algún alergólogo de su localidad.

Mantenga limpio y ordenado el garaje, cobertizo o taller para que no se acumulen la suciedad y el polvo. Tire los objetos viejos que podrían favorecer la proliferación de moho o bacterias.

el coche dentro del garaje durante más tiempo del estrictamente necesario.

Los garajes y cobertizos a menudo desempeñan también la función de talleres, por lo cual puede que contengan productos capaces de provocar una irritación cutánea o respiratoria. Siga las instrucciones del fabricante en cuanto al uso y al almacenamiento de estos productos.

Los amigos

Cuanto mejor comprenda su alergia y los factores que la desencadenan más capaz será de arreglárselas en otros entornos. Por ejemplo, los niños alérgicos a los ácaros que tengan la intención de pasar la noche en casa de un amigo deberán llevar su propia almohada y edredón, con el fin de reducir los riesgos.

Las vacaciones

Las personas que padezcan de fiebre del heno o alergia al moho experimentarán menos síntomas si pasan sus vacaciones en la costa, pues la brisa marina contiene poco polen. Por el contrario, a los alérgicos a los ácaros les convienen unas vacaciones en la montaña, a altitud elevada, donde no existe el ácaro del polvo.

Los garajes y cobertizos

Muchas casas con garajes anexos se enfrentan al problema de que determinados contaminantes, como las emisiones de gases de escape o los compuestos orgánicos volátiles (VOC), pasen del garaje al hogar a través de cualquier puerta. Instale burletes en estas puertas para reducir las filtraciones de humos y selle los huecos de las paredes en torno a las cañerías. Un extractor con respiradero al exterior o dejar la puerta del garaje abierta contribuirán a eliminar parte de los gases de escape. Además, no ponga nunca en marcha

---

CÓMO EVITAR LOS GRANOS DE POLEN Y LAS ESPORAS DE MOHO

Los granos de polen
- Procure estar al tanto de las previsiones de polen que aparecen publicadas en los medios de comunicación o difundidas por las asociaciones de alérgicos.
- Si los recuentos polínicos son elevados, quédese en casa. Procure no hacer excursiones a las zonas rurales, donde es probable que los recuentos sean más altos.

- Mantenga las ventanas cerradas, sobre todo por las mañanas, cuando se desprende el polen, y a media tarde, cuando vuelve a asentarse en el suelo.
- Al conducir, mantenga las ventanillas del coche completamente subidas.
- Evite cortar el césped o rastrillar las hojas. Si lo hace, utilice una mascarilla y protectores oculares.
- Utilice gafas de sol cuando esté al aire libre, aunque se trate de periodos cortos de tiempo.

Las esporas de moho
- Evite acercarse a las pilas de composte o abono del jardín —a menos que estén totalmente cercadas—, a las hojas caídas, a la hierba cortada, a establos, cuadras y zonas arboladas.
- No camine cerca de campos en los que se esté cosechando grano.
- Si no puede evitarlo, use mascarilla.
- Utilice en el jardín mantos bajos en alergenos.

Casos prácticos

Existe hoy en día un reconocimiento creciente de la importancia que tienen la vivienda y su entorno interior para quienes padecen de asma u otras alergias. Entre los proyectos arquitectónicos recientes se incluyen la Casa Antialérgica de Helsinki, en Finlandia, la sede de la Federación Finlandesa de Alergología y Asma (*fotografía de la izquierda*) y una oficina centralizada de información sobre el entorno interior y los productos para alérgicos. Además, la Asociación Finlandesa de Enfermos de Pulmón, también en Helsinki, tiene prevista la construcción de hogares sin alergenos para familias con asma. En el resto de Europa, la Asociación Municipal de la vivienda de Rotterdam, en Holanda, tiene programada la construcción de 40 hogares para familias con ingresos reducidos e hijos asmáticos en el barrio de Barendrecht, en Rotterdam. En el marco de este proyecto se ayudará a las familias a controlar su entorno doméstico y se investigará sobre las repercusiones de las nuevas viviendas en el asma. Otras ciudades holandesas están mostrando un gran interés por la iniciativa de Rotterdam.

En Estados Unidos, la Asociación Norteamericana de Neumología lleva construyendo sus propios hogares saludables desde 1993. En la actualidad hay más de 18 casas piloto en 11 estados norteamericanos para contribuir a que los constructores y propietarios tengan más en cuenta su salud y sus hogares a la hora de construir, reformar y conservar una casa.

Australia presenta una de las mayores incidencias de asma del mundo, y aquí también se están adoptando medidas. El primer caso práctico de este capítulo, situado en Australia, describe la construcción y el diseño de la Casa Saludable Sunbury de Melbourne (*véanse las páginas 118-123*), mientras que el segundo caso demuestra cómo la campaña contra el asma Asthma Victoria Breathe Easy ha ayudado a Leisl Wood, una joven con asma incapacitante, a construir su propia casa sin alergenos y antiasma (*véanse las páginas 124-127*).

Partiendo de cero

Las características de una casa baja en alergenos se pueden incorporar en gran medida a una construcción en la fase de diseño o como parte de la reforma de un edificio ya existente. Se pueden efectuar numerosos cambios en la estructura y el interior de una casa para reducir los alergenos, pero algunas cosas, como la instalación de un sistema de ventilación mecánica con recuperación del calor, se pueden incorporar con mayor facilidad cuando se parte de cero.

Muchos hogares sin alergenos que se están construyendo hoy en día también han sido diseñados para ahorrar energía y economizar recursos, logrando que sean respetuosos para el medio ambiente y para las personas que los habitan. Tal como los define la Asociación Norteamericana de Neumología (ALA), los principios básicos del diseño de una vivienda saludable constituyen un buen punto de referencia. Un ejemplo de estos principios se puede ver en el primer caso práctico, la historia de la Casa Saludable Sunbury, en Melbourne, Australia (*véanse las páginas 118-123*). El objetivo general es crear un entorno saludable y cómodo, poniendo énfasis en la mejora de la calidad del aire interior hasta que alcance el nivel ideal, no sólo para quienes padecen de asma y otras alergias, sino para todo el mundo.

Si usted diseña y construye su propia casa podrá controlar su ubicación. Por ejemplo, construir lejos de vías muy transitadas (contaminación externa) y en suelo seco, lejos de valles húmedos, manantiales subterráneos o ríos (para evitar la humedad). También le permitirá asegurarse de que presta la atención necesaria a la reducción de los alergenos específicos que provocan su afección. Por ejemplo, para las personas extremadamente sensibles al alergeno del ácaro del polvo, el principal objetivo será crear un entorno doméstico inhóspito para los ácaros. Por consiguiente, la casa contendrá sofás y sillas tapizados en piel o vinilo, o al menos el mínimo número posible de muebles tapizados en tela y, si se puede, con fundas lavables; suelo de superficie dura con alfombras de algodón lavables; un sistema de ventilación que ayude a controlar la humedad relativa y la contaminación interior; y un sistema de aspiración central para expulsar al exterior todo el polvo y sus alergenos. Las personas especialmente sensibles al polen, pero no a los ácaros, deberán asegurarse de que en su jardín crezcan plantas sin alergenos, y los alérgicos a determinados alimentos querrán tener enormes armarios en la cocina para almacenar las compras en grandes cantidades de los alimentos especiales que necesiten.

Así pues, si ya ha decidido construir una casa saludable y sin alergenos, el siguiente paso será encontrar a la persona que le ayudará a convertir su sueño en realidad.

Cómo elegir arquitecto

Existe un creciente número de arquitectos y asesores especializados en la construcción de viviendas saludables pero, tal como descubrió Leisl Wood, en el *Caso práctico 2* (*véanse las páginas 124-127*), un arquitecto *normal* fue capaz también de construir un hogar sin alergenos para ella, gracias a la ayuda de la iniciativa Asthma Victoria Breath Easy.

Uno de los aspectos más importantes que habrán de tenerse en cuenta a la hora de decidirse por un arquitecto es el puramente personal: pasará mucho tiempo con esa persona, de modo que asegúrese de que es alguien con quien podrá resolver los desacuerdos y problemas que inevitablemente van a surgir.

Tal vez le resulten útiles las siguientes consideraciones:

- Es probable que los arquitectos de su localidad estén familiarizados con las condiciones que repercutirán en conseguir sus necesidades específicas: el terreno, la orientación, el clima e incluso la actitud del Ayuntamiento con respecto a los planos y permisos necesarios.

- Si le es posible, entrevístese con arquitectos que le hayan sido recomendados por algún conocido. Si esto no es posible, póngase en contacto con asociaciones nacionales de alergología (hay algunas realmente interesadas en el tema de las viviendas sin alergenos), organismos y otras asociaciones profesionales, o recurra a los anuncios donde se ofrecen posibilidades de construcción «a medida».

- Elabore una lista completa con todas las necesidades específicas de su afección que desee discutir con los arquitectos.

- En la reunión inicial, averigüe cuándo podrían comenzar con su proyecto y cuál sería el presupuesto.

- Antes de tomar la decisión final, pida referencias, a ser posible de un trabajo similar, y compruébelas.

Diseñar su propia casa le permitirá adaptarla a las necesidades de su afección alérgica, como un suelo de superficie dura o plantas bajas en alergenos para el jardín.

Caso práctico 1

La Casa Saludable Sunbury, en Melbourne, Australia, ha sido diseñada como modelo de una vivienda saludable. Ha sido construida por el Instituto Australiano de la Vivienda Saludable, una organización inspirada por el programa de viviendas saludables de la Asociación Norteamericana de Neumología (*véase la página 116*), con el fin de aumentar al máximo la calidad del aire interior y el ahorro energético. La casa cuenta con numerosas características que hacen que resulte adecuada para las personas alérgicas, como un sistema de ventilación mecánica que purifica el aire y elimina el exceso de humedad, y un diseño interior desfavorable para los ácaros del polvo.

Pero esta casa es algo más que una simple exposición, pues constituye el hogar de uno de sus diseñadores, Jan Brandjes, y de su joven familia, que emigraron a Australia desde Canadá en 1996. Desde que se mudaron aquí, hace 18 meses, Jan ha comprobado los beneficios que la casa ha aportado a la salud de sus hijos. «Nada más llegar a Australia buscamos un alojamiento temporal», dice Jan. «Mis dos hijas pequeñas, Annelies y Mollie, pronto desarrollaron síntomas de asma, aunque nunca antes habían padecido ningún tipo de alergia. Tuvieron que pasar mucho tiempo tomando salbutamol en inhalador, prescrito por nuestro médico para controlar la tos y la respiración sibilante. Sin embargo, desde que nos mudamos, los síntomas han cesado por completo y no han vuelto a tener que utilizar el salbutamol. Nuestro hijo pequeño Felix, nacido una semana antes de mudarnos, no presenta señales de asma».

Cuando Jan se marchó a Australia, se llevó consigo más de 15 años de experiencia en la construcción de casas saludables para el gobierno canadiense que permitían ahorrar energía. Poco después de su llegada, fundó el Instituto Australiano de la Vivienda Saludable junto con Bernard Desmoreaux, un asesor de la construcción australiano, pensando que los australianos también podrían beneficiarse de todo lo aprendido en Norteamérica y Europa.

En la actualidad, la mayor parte de los australianos presta escasa atención a la cuestión de cómo la estructura de sus casas puede repercutir en su vida. Así y todo, las actitudes están empezando a cambiar a medida que cada vez más gente se da cuenta de la importancia de la calidad del aire interior y sus efectos en la salud y el bienestar, especialmente para los alérgicos.

Entre seis y siete millones de australianos (aproximadamente el 41% del total) son alérgicos. Gran parte de este problema guarda relación con el hecho de que el centro de Australia es un vasto desierto, con vientos calientes que arrastran polvo y alergenos como el polen de la ambrosía hasta las zonas costeras, más pobladas. Los hogares australianos también presentan elevados niveles de humedad relativa, hecho que favorece la proliferación del moho y los ácaros (*véanse las páginas 36-37 y 42-43*). Jan y Bernard opinan que viviendas como la Casa Saludable Sunbury son proyectos clave a la hora de mejorar la vida de los individuos alérgicos en Australia.

Una parte esencial de la Casa Saludable Sunbury es el sistema de ventilación mecánica, que incorpora un dispositivo de recuperación de energía que controla la temperatura y mantiene la humedad relativa entre un 30% y un 55%.

Los principios del diseño

El diseño de la Casa Saludable Sunbury se ha basado en los siguientes principios:

● Supresión. Existen cientos de sustancias químicas utilizadas en la construcción de un típico edificio moderno. En la medida de lo posible, se eliminaron los productos de la construcción o mobiliario que contenían sustancias químicas tóxicas.

● Separación. Los productos que contienen sustancias químicas o materiales potencialmente tóxicos, pero que son necesarios en la construcción, se separan del aire interior, por ejemplo, revistiéndolos de un laminado de plástico.

● Ventilación. Se considera muy importante a la hora de proporcionar y conservar una buena calidad de aire interior. La Casa Saludable Sunbury utiliza un sistema de ventilación mecánica que aporta las cantidades necesarias de aire filtrado y de humedad controlada a toda la casa, a la vez que expulsa el aire viciado.

● Ahorro de energía. Las características de la Casa Saludable Sunbury —aislamiento, doble acristalamiento y sellado de grietas y orificios— han creado una casa hermética, lo cual, a su vez, permite controlar el entorno interior mediante el sistema de ventilación mecánica. En total, en comparación con el hogar medio, la Casa Saludable consume entre un 50% y un 70% menos de energía, y por supuesto cumple con todas las normas estándar de construcción de viviendas.

● Superficies. Como principio de diseño general, existen muy pocas superficies horizontales en la casa, lo cual evita la formación de polvo y hace que resulte más fácil de mantener todo limpio.

Es un hecho que los materiales de construcción y el diseño interior pueden repercutir en gran medida en la calidad del aire del hogar, por lo que la Casa Saludable Sunbury presta especial atención a la construcción y a los materiales emplea-

dos. Esto incluye todo tipo de aspectos, desde el tipo de madera utilizado para el suelo y los muebles hasta la pintura de las paredes y el nivel de aislamiento instalado.

Los productos sin VOC: las pinturas, selladores y otros revestimientos que se utilizan en las casas suelen contener importantes cantidades de compuestos orgánicos volátiles (VOC) (*véanse las páginas 68-69*), que salen al aire en forma de gases y pueden ocasionar irritación de las vías respiratorias. Los productos empleados en la Casa Saludable Sunbury se han elegido por su bajo contenido en VOC.

Los materiales de ebanistería: en la medida de lo posible, los armarios y roperos empotrados son de madera maciza, pues el tablero de aglomerado suele estar elaborado con colas que contienen formaldehído. Éste se emite al aire poco a poco y puede provocar irritación del tracto respiratorio superior. En la Casa Saludable Sunbury, los armarios de la cocina y el baño son de tablero de aglomerado revestido de un laminado plástico para reducir el escape de formaldehído. En los roperos y el cuarto de planchar se ha empleado un sistema de estanterías ventilado.

Los suelos: los suelos de toda la casa son de baldosas o de tarima, dos materiales duraderos y atractivos que proporcionan superficies limpias, no acumulan polvo y se pueden mantener regularmente sin necesidad de emplear productos químicos. La casa carece de moquetas, con lo que se elimina una importante fuente de ácaros del polvo y moho.

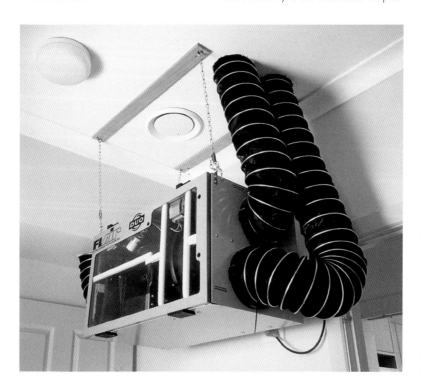

Una parte esencial de la Casa Saludable Sunbury es el sistema de ventilación mecánica, que incorpora un dispositivo de recuperación de energía que controla la temperatura y mantiene la humedad relativa entre un 30% y un 55%.

La ventilación mecánica: la ventilación *natural* no garantiza un buen suministro de aire fresco. Por ejemplo, en los días de calma, sin viento, la ventilación natural es escasa, con lo cual un sistema de ventilación mecánica garantiza en todo momento la existencia de un porcentaje saludable de intercambio de aire por todo el edificio. El aire fresco entrante se filtra para eliminar un 95% de polen y polvo antes de ser distribuido a través de un sistema de conductos sellado a las zonas de estar y a los dormitorios, al tiempo que el aire húmedo y viciado se elimina desde su origen en todas las habitaciones: cocina, baño, cuarto de planchar, etcétera.

El tipo de sistema de ventilación mecánica utilizado en la Casa Saludable Sunbury da a sus habitantes un control absoluto de la humedad y temperatura interiores. Esto se realiza por medio de una *rueda desecante,* un dispositivo de alta tecnología que garantiza que el aire entrante contiene la cantidad adecuada de humedad y se encuentra a la temperatura apropiada, tanto en invierno como en verano. Además, el control de la humedad relativa por medio de un higrostato mantiene ésta a niveles de entre un 30% y un 55%, lo que evita el crecimiento de moho e impide en gran medida la propagación de los ácaros del polvo.

El sistema de ventilación mecánica también les brinda a los ocupantes la posibilidad de protegerse de los alergenos que se originan en el exterior, como el polen o las emisiones de gases de escape. En las horas de máximo recuento polínico (por la mañana y a media tarde) o de máximo nivel de contaminación, los habitantes pueden cerrar por completo la casa y respirar aire que previamente ha pasado por el filtro del sistema de ventilación. Un sistema de ventilación mecánica de este tipo se puede instalar sin problemas en una casa ya existente,

siempre que primero se sellen todas las grietas y orificios de la estructura con ayuda de una espuma especial. Una vez entra en contacto con el aire, la espuma se expande, rellena las grietas y se endurece para formar una barrera frente a las corrientes de aire y los cambios de temperatura. La espuma se solidifica con rapidez, y su escaso olor desaparece en una hora. Este tratamiento restringe la entrada y salida de aire del edificio al aire que pasa por el sistema de canalización, siempre y cuando, claro está, todas las puertas y las ventanas estén bien cerradas.

Jan y su familia han reducido al mínimo los tapizados de tela y los cojines. El mobiliario es de líneas depuradas y madera maciza, lo cual evita el formaldehído que desprenderían los productos basados en compuestos de madera.

El aire acondicionado: gracias al excelente nivel de aislamiento de la construcción (ventanas, paredes, techos, puertas y suelos), que reduce la entrada y salida de calor del edificio, la Casa Saludable Sunbury no necesita aire acondicionado, y al añadir la rueda recuperadora de calor al sistema de ventilación también se reducen las necesidades de refrigeración y de calefacción.

Los armarios de la cocina se hallan revestidos de un laminado de plástico para reducir la emisión de formaldehído. Una campana extractora sobre la cocina expele al exterior la humedad y los olores generados al cocinar.

No obstante, si en cualquier momento se viera la necesidad de instalar un aparato de aire acondicionado, las ventajas de vivir en una casa bien aislada y ventilada saltan enseguida a la vista. Dado que ya existe un sistema de ventilación muy fiable que mueve el aire refrigerado por el interior, bastará con un aparato de aire acondicionado más pequeño de lo común.

El aislamiento: la casa cuenta con un elevado nivel de aislamiento, y estas medidas de aislamiento actúan como barrera térmica frente al movimiento de calor por la construcción (ventanas, paredes, techos, puertas y suelos). Semejante grado de aislamiento contribuye a regular la temperatura del interior del hogar, garantizando así que la energía no se malgaste innecesariamente al filtrarse por la estructura del edificio.

La pantalla antivapor: con el objeto de permitir que el aislamiento de la casa funcione con eficacia, el exterior de la construcción contiene una pantalla que consiste en una membrana de plástico transpirable. Esta pantalla anula la posibilidad de que la humedad quede atrapada entre las paredes, reduciendo así la posible putrefacción de la madera y la formación de moho.

De todas formas, es preciso proceder con sumo cuidado durante la instalación de esta barrera para asegurarse de que sea continua y esté debidamente sellada, puesto que de lo contrario su eficacia se verá enormemente reducida. Esto incluye el sellado de todos los enchufes eléctricos y de todas las cañerías que atraviesen las paredes externas.

La pantalla antihumedad: durante la construcción de la casa se empleó una capa de material plástico para cubrir la tierra situada bajo la cimentación de hormigón. Esto ayuda a evitar que la humedad procedente del suelo pase a la casa.

Las ventanas y las puertas: las ventanas cuentan con un doble acristalamiento de máxima calidad que incorpora un revestimiento de baja emisividad (un fino revestimiento metálico que reduce el ritmo al que el cristal irradia calor) y marcos no termoconductores. La eficacia térmica que proporcionan las ventanas incrementa la comodidad y puede ahorrar suficiente energía como para compensar los elevados costes iniciales de la instalación.

Han de sellarse todos los orificios en torno a las ventanas para reducir la transferencia de aire y de calor. El mejor método de sellado usa un material de espuma expansible que se introduce entre los marcos de las ventanas y la estructura exterior de la pared. Para los huecos de pequeño tamaño se utiliza silicona. Todas las puertas exteriores son totalmente herméticas y cuentan con burletes para mayor comodidad y ahorro de energía.

La calefacción: las necesidades de calefacción de la Casa Saludable Sunbury son aproximadamente un 60% menores que los de un hogar medio de la zona. Un radiador de gas de tubo forzado de alto rendimiento situado en la sala de estar proporciona en invierno una agradable temperatura en toda la casa. El tubo estanco que utiliza este sistema de calefacción permite que el aire para la combustión se tome del exterior, al tiempo que todos los residuos de la combustión salen fuera. Con este sistema, los niveles de oxígeno interior no se ponen en peligro, y el ahorro energético resulta muy elevado.

Caso práctico 2

Las tasas de asma en Australia son unas de las más elevadas del mundo. Sólo en el estado de Victoria, 600.000 personas de una población de cuatro millones padecen de asma. En un intento por mejorar esta situación, la organización benéfica Asthma Victoria, junto con la empresa de suministros eléctricos Eastern Energy (TXU), ha creado el Asthma Victoria Breathe Easy Low Allergy Living Programme, cuyo fin es asesorar a la gente en el modo de reducir su exposición a los alergenos e irritantes domésticos.

En colaboración con algunos prestigiosos arquitectos, Asthma Victoria y Eastern Energy (TXU) han creado ocho hogares piloto, construidos en diversos estilos y adecuados a distintos presupuestos, con características que benefician la calidad de vida de los asmáticos. Sus propuestas pueden incorporarse a cualquier edificio en la fase de diseño o reforma.

Los rasgos esenciales de Breathe Easy

El Asthma Victoria Breathe Easy Low Allergy Living Programme proporciona a las personas con asma y a sus familias información sobre cómo construir sus hogares para que sean más saludables, identificando y reduciendo las fuentes domésticas de alergenos y otros factores desencadenantes del asma, y contribuyendo por tanto a crear un entorno sano.

La ventilación: una buena ventilación impide la formación de moho y de vapores. Breathe Easy recomienda la instalación de extractores, a ser posible con respiradero al exterior, en el baño, la cocina y el cuarto de planchar, así como una campana. Todas las habitaciones deberían contar con respiraderos fijos, y ventanas y puertas situadas de forma que permitan las corrientes.

Los suelos: todos los suelos deberán ser fáciles de limpiar y no favorecer los

Los armarios hasta el techo de líneas sencillas resultan fáciles de mantener sin polvo. Se eligió una cocina eléctrica y se instaló una campana extractora con respiradero al exterior.

ácaros. Por tanto, debería retirarse la moqueta y sustituirse por baldosas de cerámica vidriada, madera o corcho tratados o pizarra.

La calefacción: Breathe Easy recomienda un sistema de calefacción por calor radiante (baldosas caldeadas en el suelo o paneles radiantes en las paredes o techo, por ejemplo), en lugar de otros tipos, como radiadores de agua o calefactores de aire. La calefacción por calor radiante no acumula ni levanta polvo ni produce partículas ni residuos de la combustión. Los aparatos de gas, como las calderas, deberían instalarse en el exterior, alejados de los respiraderos, para evitar que los gases de la combustión vuelvan al interior.

Las cocinas: la electricidad es el sistema recomendado, pues no genera residuos de combustión. No obstante, es conveniente contar con una campana sobre la cocina para eliminar el vapor.

El aislamiento: el aislamiento de láminas de metal o poliéster no produce partículas irritantes que floten en el aire, desde donde pueden ser inhaladas.

El sistema de aspiración central: presenta la ventaja de que elimina el polvo y lo deposita en una bolsa o cubo colector externo, evitando la posibilidad de que el polvo vuelva a pasar a la casa.

El aire acondicionado: Breathe Easy recomienda que quienes padezcan de asma eviten los sistemas por evaporación, en los que tiende a formarse humedad, por el riesgo de formación de moho.

La prevención del polvo: debido al importante papel que desempeña el ácaro del polvo en la frecuencia de los síntomas del asma, deberían adoptarse todas las medidas posibles para evitar la

acumulación de polvo en cualquier parte del hogar. Entre las medidas recomendadas están las siguientes:

- Construir armarios que lleguen hasta el techo, de superficies lisas y sin molduras complicadas.
- Instalar puertas a las estanterías.
- Instalar persianas o estores verticales o enrollables de fácil limpieza en lugar de cortinajes pesados.
- Elegir el mobiliario tapizado en vinilo o piel, o bien asientos de madera.
- Utilizar fundas protectoras antiácaros en las camas y ropa de cama.
- Elegir tejidos y rellenos de poliéster que se puedan lavar con agua caliente (*véase la página 83*).

El humo de tabaco: es un factor de riesgo para el asmático. No se debería permitir fumar en casa.

Los alergenos del jardín: la existencia de un jardín no debería implicar necesariamente la exposición de un asmático a los pólenes y mohos. Esto se logra eligiendo plantas polinizadas por aves o insectos y plantas de cobertura que no po-

En esta sala de estar se han usado baldosas de cerámica vidriada para prevenir los ácaros del polvo. Otros posibles materiales son la madera o el corcho tratados y la pizarra.

linizan. Deberá evitarse el ballico e impedir que prolifere la maleza. Su crecimiento se puede controlar sustituyendo el césped por zonas pavimentadas y usando guijarros o grava en lugar de cubierta orgánica, que produce moho.

Breathe Easy en la práctica

La historia de Leisl Wood y su lucha por controlar los síntomas del asma es un buen ejemplo de los objetivos del programa Breathe Easy. Como resultado de su experiencia, la recomendación de Leisl es: «Saber cuáles son los factores que originan tu asma y tratar de eliminarlos de tu entorno. Y, lo que no puedas eliminar, sencillamente evítalo». Leisl Wood tiene ahora 26 años y sufre de asma grave desde que tenía tres. A los 19 años, su asma empeoró de tal modo que tuvo que dejar el trabajo y volver a su casa para que la cuidaran sus padres, mientras que los médicos luchaban por controlar la enfermedad. Leisl se encontró postrada en la cama y pasando periodos de tiempo cada vez más largos en el hospital. Durante la peor época de su enfermedad tomaba entre 70 y 100 miligramos diarios de un fármaco oral a base de corticosteroides, para mantener los síntomas controlados. La dosis pasó a ser de 150 miligramos al día en sus ataques más graves. Estas cantidades de esteroides hicieron que su peso pasara de los 65 a los 110 kilogramos, pero el asma seguía estando fuera de control.

Las lecturas del flujo pico de Leisl, que indican el funcionamiento de los pulmones, descendieron hasta situarse entre los 150 y los 200 litros por minuto, una reducción drástica si se compara con el valor normal previsto para Leisl de 490 litros por minuto. Constantemente se sentía sin aliento, y necesitaba ayuda para realizar tareas tan sencillas como vestirse o lavarse el pelo.

Sin embargo, hace dos años las cosas empezaron a cambiar. En un esfuerzo por mejorar el asma de Leisl, los médicos le recomendaron que probara con un entrenador personal. Se cree que el ejercicio mejora el asma, al incrementar el funcionamiento pulmonar y la forma física general. «Yo tenía mis reservas, ya que mi asma viene producido por el ejer-

cicio», dijo Leisl. «En un principio, apenas si podía apretar una pelota antiestrés con la mano o levantar las piernas. Cada inspiración suponía un esfuerzo, y pensé que la situación no tenía remedio».

A pesar de todo, Leisl siguió con el entrenamiento y poco a poco comenzó a experimentar un incremento de su fuerza. A medida que su forma física mejoraba, también lo hacían las lecturas del flujo pico. Llegó a aumentar su entrenamiento a una sesión de gimnasio completa y un programa de bicicleta diarios.

De forma simultánea al programa de mantenimiento físico, Leisl también comenzó una dieta especial. Las pruebas cutáneas de punción habían determinado que Leisl era alérgica a diversas sustancias, como el alergeno del ácaro del polvo, el epitelio de gato, algunos mohos, polen y determinadas sustancias químicas domésticas. Además, tenía alergia a algunos alimentos, como las verduras, naranjas, albahaca, chile y colorantes y conservantes alimentarios. Al eliminarlos de su dieta se produjo una clara mejoría.

Fue más o menos por entonces cuando Leisl y sus padres oyeron hablar de la campaña Breathe Easy dirigida por Asthma Victoria, la Fundación contra el

Asma del Estado de Victoria, dependiente de la Fundación Nacional contra el Asma de Australia. Alentados por el asesoramiento de Breathe Easy, los padres de Leisl le encargaron a un arquitecto de la zona que diseñara junto al hogar familiar una casa sin alergenos adaptada a las necesidades de su hija. De este modo, Leisl tendría su independencia, pero al mismo tiempo podrían echarle una mano si les necesitaba. Leisl entró a vivir en su casa en diciembre de 1997.

Dos años después, los síntomas de Leisl habían registrado una gran mejoría. Su asma es ahora estable, y las lecturas del flujo pico se han incrementado hasta alcanzar una media más saludable, 480 litros por minuto. Ahora pesa 66 kilogramos, casi el peso que tenía antes de la enfermedad, y ha reducido bastante la medicación.

El hogar de Leisl es un bungaló alegre y luminoso. Cuenta con dos dormitorios, un gran baño, y una cocina y sala de estar que comparten el mismo espacio. Las superficies, de líneas sencillas, y los espacios diáfanos transmiten una sensación fresca y moderna. Las paredes, la madera y los armarios han sido pintados con una pintura de escaso olor que no resulta agresiva para los asmáticos. Los suelos son todos de madera, con una única alfombra lavable, salvo en el baño, dotado de baldosas de cerámica. No hay moqueta en ninguna parte de la casa, ya que actuaría como una fuente de ácaros del polvo.

Su dormitorio posee un escaso mobiliario: una cama y una mesilla. Las prendas de vestir se guardan en armarios empotrados, en baldas metálicas diseñadas para incrementar el flujo de aire y, de este modo, no favorecer los ácaros del polvo. No aparecen adornos en esta habitación,

Si no puede sustituir las piezas tapizadas en tela por piel o vinilo, redúzcalas al mínimo. Los muebles tapizados proporcionan a los ácaros las condiciones de reproducción ideales.

y en el resto de la casa son muy escasos; los pocos que conserva se encuentran expuestos en una vitrina. Esta falta de objetos hace que resulte muy sencillo eliminar el polvo de todas las superficies.

Casi todos los muebles son de madera maciza, con pocos detalles para que el polvo no se acumule. En la casa no se ha utilizado tablero de aglomerado ni otros tipos de compuestos de madera, para evitar la emisión de gas formaldehído.

En la zona de estar, Leisl tiene dos sofás tapizados en tela cubiertos por colchas que lava con regularidad para eliminar los ácaros del polvo y alergenos del ácaro. Aunque los sofás de piel son mejores que los entelados, que atraen más a los ácaros del polvo doméstico, la piel se salía de su presupuesto.

Se han empleado persianas venecianas o estores en lugar de cortinas. Las láminas de estas persianas son verticales en lugar de horizontales, de modo que acumulan menos polvo y son más fáciles de limpiar; además, son de plástico, para prevenir los ácaros. Las ventanas, con doble acristalamiento, carecen de alféizar: las repisas y los rebordes de cualquier tipo se han reducido al mínimo para evitar la acumulación de polvo.

La calefacción es de radiadores eléctricos, con acumuladores que irradian ca-

Una buena ventilación que evite la formación de humedad y vapores resulta esencial en el programa Breathe Easy. Éste incluye respiraderos abiertos en todas las habitaciones.

lor. Breathe Easy no recomienda ni los sistemas de calefacción por conductos de aire a presión ni los calefactores, ya que levantan polvo. También se ha instalado un sistema de ventilación mecánica que filtra el polen. Leisl es poco sensible al polen, pero desarrolla síntomas asmáticos relacionados con él (tos y respiración sibilante) durante los días de viento. En esos días, cierra por completo su casa y confía en su sistema de ventilación mecánica y filtrado que evita la entrada de polen. Los extractores del baño y la cocina eliminan el exceso de humedad.

El aislamiento de la casa, compatible con el asma, no emite al aire partículas o fibras que después se podrían respirar, y agravar los síntomas de asma de Leisl. Se han incluido dos capas de aislamiento para incrementar el ahorro energético y hacer del hogar un lugar más hermético.

Leisl no utiliza cosméticos ni productos perfumados para el cabello. «Compro marcas que sé de antemano que no van a empeorar mis síntomas», dice. «También tengo que tener cuidado con los productos del hogar. Las sustancias

Las características del dormitorio son: suelo de superficie dura, fundas antiácaros para la ropa de cama, persianas o estores verticales y poca cantidad de objetos que acumulen polvo.

químicas fuertes, especialmente las que tienen una base de amoniaco, son potentes irritantes. Utilizo algunos productos con aroma de limón que, pese al perfume, no parecen darme problemas».

Leisl solía llevar una mascarilla para el polvo al pasar la aspiradora. Desde que se mudó a su nuevo hogar ya no tiene que hacerlo, gracias a la eficacia del aspirador central de la casa, por conductos internos, que expele todo el polvo y la suciedad a un contenedor situado en el exterior.

La recuperación de Leisl significa que está comenzando a vivir la vida de nuevo, en lugar de sufrirla. Ha empezado un curso de economía por correspondencia y ha vuelto a retomar sus aficiones artísticas. No obstante, la gravedad de su asma ha dejado huella. Pronto le tendrán que implantar una cadera nueva debido a la destrucción ósea provocada por los años de tratamiento con elevados niveles de esteroides. Pero ella sigue siendo optimista. «Algunos días son peores que otros», añade, «pero voy tirando. Hay que ser positivos».

Informaciones prácticas

Direcciones útiles

Academia Americana de Alergia, Asma e Inmunología
www.aaaai.org
(En inglés)
Informaciones divulgativas y científicas sobre las alergias y el asma.

Academia Europea de Alergia e Inmunología Clínica
www.eaaci.org
(En inglés)
Dirigida sobre todo a profesionales.

Alergia primaveral
www.sumedicodecabecera.com/articulos/dudas_sobre_alergias.htm
Información completa sobre este tipo de alergias.

Alergoshop
www.alergoshop.com
Informaciones de carácter divulgativo y productos para las personas alérgicas. Enfocado hacia Brasil y América Latina en general.

American Medical Association
www.ama-assn.org/special/asthma/
Noticias y artículos relacionados con el asma.

Asociación de Alergia, Asma e Inmunología «Buenos Aires»
Avenida Pueyrredón 538 - 6º A - Primer Cuerpo
1032 Buenos Aires (Argentina)
Tel. 4961 - 2249
Fax 4961 - 8090
www.aaiba.com.ar

Benadryl Online Resource
www.benadryl.com
www.laalergia.com
Informaciones asequibles sobre el mundo de las alergias. Práctico glosario de términos.

Colegio Mexicano de Alergia, Asma e Inmunología Pediátrica, A. C.
www.comaaipe.org.mx
Página de la asociación profesional mexicana.

Comité de Aerobiología de la Sociedad Española de Alergología e Inmunología Clínica
www.redestb.es/csim/seaic.htm
www.polenes.com
Información sobre la distribución geográfica y estacional de los pólenes alergénicos en España.

Estudio Internacional del Asma y Alergia en la Infancia (ISAAC) «Respirar»
www.infodoctor.org/repirar/index.htm
Informaciones sobre el asma en los niños y adolescentes.

Flomy
www.flomy.com
Información sobre las alergias y productos para tratarlas.

Food and Drug Administration
www.fda.gov
(En inglés)
Página de la agencia gubernamental norteamericana sobre alimentos y medicamentos.

Inmunotek
www.inmunotek.com
Laboratorio de alergias e inmunología especializado en el diagnóstico y tratamiento de la polinosis.

Interasma
www.asmanet.com/interasma
(En inglés)
Página de la Asociación Internacional de Asmología.

Las alergias
www.achis.com/alergia.htm
Informaciones generales

MedicAlert
http://www.medicalert.org
(En inglés)
Página de la organización.

National Library of Medicine
www4.ncbi.nlm.nih.gov/pubmed/
Acceso gratuito a la base bibliográfica Medline.

National Pollen Network
www.allernet.com
(En inglés)
Información sobre las enfermedades alérgicas y sus causas, con especial atención a la aerobiología.

Revista *Allergy & Clinical Inmunology International*
www.acii.net
(En inglés)
Órgano oficial de Interasma.

Revista de Inmunoalergia
www.encolombia.com/rinmunoalergia.htm
Revista de la Asociación Colombiana de Alergia, Asma e Inmunología

Revista Española de Alergología e Inmunología Clínica
revista.seaic.es/index.htm
Órgano oficial de la Sociedad Española de Alergología e Inmunología Clínica

Servicio de alergia
www.worldwidehospital.com/hospital/alergia.htm
Informaciones prácticas y asequibles para comprender las alergias.

Sociedad de Madrid-Castilla-La Mancha de Alergología e Inmunología Clínica
www.medynet.com/mclm

Sociedad Española de Alergología e Inmunología Clínica
Apartado de Correos 7029
08080 Barcelona (España)
www.seaic.es
Información general sobre las alergias.

Sociedad Española de Inmunología Clínica y Alergología Pediátrica
Apartado de Correos 7029
08080 Barcelona (España)
Tel. 934 318 833
Fax 933 329 560
www.seicap.org
Informaciones sobre alergias en el mundo de la infancia.

Sociedad Latinoamericana de Alergia, Asma e Inmunología
www.slaai.org.ar
Página de la asociación profesional latinoamericana.

The Food Allergy Network
www.foodallergy.org
(En inglés)
Organización que proporciona información, soporte y estrategias de actuación a pacientes afectados por alergia alimentaria.

¿Qué es la alergia?
www.ecomedic.com/em/alergia.htm
Información muy completa de enfoque divulgativo. Existen páginas específicas para diferentes temas relacionados con las alergias:
Alergia al polen
www.ecomedic.com/em/pollen.htm

Alergia a las picaduras de abejas y avispas (himenópteros)
www.ecomedic.com/em/aleinsec.htm

Alergia a los medicamentos
www.ecomedic.com/em/alemed.htm

Alergia a los insectos y al polen
/www.ecomedic.com/em/indaler.htm

Anafilaxia
www.ecomedic.com/em/anafixa.htm

Antiasmáticos
www.ecomedic.com/em/mm_r03.htm
Antibióticos
www.ecomedic.com/em/antibioticos.htm

Asma bronquial
www.ecomedic.com/em/asmabron.htm

Botiquín
www.ecomedic.com/em/botiquin.htm

Cuidados domésticos
www.ecomedic.com/em/inddome.htm

Enfermedades de los niños
www.ecomedic.com/em/indinfan.htm

Índice de enfermedades y síntomas comunes
www.ecomedic.com/em/in_enfer.htm

Intolerancia a la lactosa
www.ecomedic.com/em/intlact.htm

Primeros auxilios
www.ecomedic.com/em/pri_axi.htm

Reacciones por el sol
www.ecomedic.com/em/al-luz.htm

Rinitis alérgica
www.ecomedic.com/em/rinit.htm

MATERIALES DE CONSTRUCCIÓN
Aislamientos
Asociación Española de Impermeabilización. Velázquez, 92. 28006 Madrid. Tel. 91 575 35 38. Fax 91 375 65 53

Pinturas
Aglaia y Beeck. Integralia La Casa Natural. Ciscar, 65-b. 46005 Valencia. Tel. y fax: 963 951 959. Pinturas orgánicas, barnices, lacas, pegamentos vegetales y pinturas minerales.

Biofa. Horst Moritz. Partida de les Comes, s/n. 43530 Alcanar, Tarragona. Tel. 977 73 21 86. Fax: 977 23 98 65. Pinturas y pegamentos naturales.

EcoPaint Ibérica. Montmany, 2. 08012 Barcelona. Tel. 93 219 23 19.

Aire
Filter Queen. San Roque, 29-b. 46460 Silla, Valencia. Tel 96 373 92 34. Aparatos limpiadores y descontaminantes del aire de ácaros, hongos, polen y humos.

Ionair. Biconsa. Almansa, 33. 28039 Madrid. Tel. 91 533 93 75. Ionizadores.

Clear Air 5. Doctor Ferrán, 7, 20, 2ª. 08034 Barcelona. Tel. 93 204 45 42. Ionizadores.

OTC Médica Española. Apdo. 61228. 28080 Madrid. Tel. 914 156 118. Fax 915 194 389. Ionizadores, aromatizadores y filtros de aire. Aspirador doméstico antialergias.

Allerg Shop. París, 156. 08036 Barcelona. Tel y fax: 93 322 26 68. Aspiradoras.

Limpieza
Bionatur. Can Duran. 17583 Tortellà, Girona. Tel. 97 268 76 97. Detergentes y limpiadores ecológicos.

Ecover. Ctra. Sabadell a Granollers, km. 12,7. 08185 Lliçà de Vall, Barcelona. Tel. 93 843 65 17. Fax 93 843 96 00. Productos de limpieza ecológicos.

Muebles
Fusta Forma. Puerto, 6. 12580 Benicarló, Castellón. Tel. 964 47 05 36. Mobiliario natural.

Glosario

Ácaro del polvo doméstico. Diminuto arácnido de ocho patas que se encuentra en el polvo doméstico, los muebles tapizados en tela, las moquetas y la ropa de cama. Es el responsable de producir una reacción alérgica en el 85% de los casos de asma alérgica.

Adrenalina o epinefrina. Una hormona natural que generan las glándulas suprarrenales durante el ejercicio o cuando se sufre de estrés o miedo. Actúa sobre los vasos sanguíneos para mantener la tensión arterial y la circulación. La adrenalina (epinefrina) se administra mediante inyecciones o mediante un inhalador para tratar los síntomas de una reacción alérgica grave (anafilaxia).

Aeroalergeno. Cualquier alergeno que sea lo bastante ligero como para ser transportado en el aire e inhalado, como por ejemplo el epitelio o el polen.

Alergeno. Sustancia extraña a la que un individuo se sensibiliza y contra la cual el sistema inmunitario del cuerpo genera una sustancia conocida como inmunoglobulina E. A los alergenos también se los denomina antígenos.

Alergia. Reacción anómala o inadecuada del sistema inmunitario del cuerpo ante una sustancia que normalmente sería inofensiva (alergeno).

Anafilaxia. Reacción alérgica grave que puede provocar un colapso e incluso la muerte.

Angioedema. Hinchazón de la piel y del tejido subcutáneo.

Anticuerpo. Proteína producida en el cuerpo en respuesta a un agente invasor extraño (conocido como antígeno), también denominada inmunoglobulina.

Antígeno. Cualquier sustancia extraña que provoca una respuesta inmunitaria.

Antihistamínico. Fármaco que alivia los efectos de la histamina, una sustancia química producida por las células cebadas del cuerpo durante una reacción alérgica. La histamina es una de las diversas sustancias químicas liberadas por tejidos cuando éstos se inflaman, y ocasiona muchos de los desagradables síntomas que surgen durante la inflamación.

Antiinflamatorio. Medicamento que reduce la hinchazón, el enrojecimiento, el dolor y el exceso de calor de los tejidos inflamados del cuerpo.

Atopia. Tendencia hereditaria a desarrollar un tipo específico de reacción alérgica (conocido como reacción alérgica tipo 1). Las afecciones alérgicas resultantes incluyen la rinitis alérgica y el eccema. Alrededor de un 40% al 50% de la población es atópica, pero las personas atópicas no presentan necesariamente síntomas.

Broncodilatadores. Fármacos utilizados para tratar el asma que relajan los músculos lisos de las vías respiratorias constreñidas y, por tanto, ensanchan las vías respiratorias, facilitando la respiración. A menudo se usan en ataques de asma agudos para aliviar los síntomas. No previenen la aparición de dichos ataques.

Broncospasmo. Contracción repentina de los bronquios (una de las señales del asma).

Bronquios. Pequeñas vías respiratorias de los pulmones.

Corticosteroides. Grupo de hormonas producidas por las glándulas suprarrenales que resultan esenciales para muchos aspectos del funcionamiento del cuerpo, incluyendo el metabolismo y la resistencia al estrés; los corticosteroides sintéticos se utilizan en su calidad de potentes fármacos antiinflamatorios en una reacción alérgica grave y a menudo se utilizan para prevenir la aparición de los síntomas.

Cromoglicato (sódico). Medicamento empleado para prevenir los síntomas alérgicos.

Desensibilización. Véase *hiposensibilización* e *inmunoterapia*.

Emoliente. Crema o pomada que se utiliza para ablandar y calmar la piel inflamada del eccema.

Epitelio. Pequeñas escamas de la piel de los animales que actúan como un alergeno en algunas personas, produciendo una reacción alérgica.

Hipersensibilidad. Reacción excesiva del sistema inmunitario ante una sustancia extraña que normalmente pasaría inadvertida. Implica la producción excesiva del anticuerpo inmunoglobulina E, dando comienzo a un proceso que desencadena síntomas alérgicos.

Hiposensibilidad. Véase *inmunoterapia.*

Hiposensibilización. Véase *inmunoterapia.*

Histamina. Sustancia química liberada por las células cebadas y los basófilos; responsable del picor y la hinchazón de la fiebre del heno y de otras alergias.

Inflamación. Cúmulo de acontecimientos localizados, por ejemplo, enrojecimiento de la piel debido a un ensanchamiento de los capilares sanguíneos, acumulación de sangre o de fluido, que se da en reacción a la presencia de determinados agentes, como por ejemplo el epitelio de gato.

Inmunoglobulina E (IgE). La IgE es una familia de inmunoglobulinas (también conocidas como anticuerpos). Suele hallarse presente únicamente en diminutas cantidades en la sangre. El linfocito B, un tipo de célula sanguínea blanca, produce inmunoglobulinas como parte del sistema de defensa inmunitaria del cuerpo. Existen varias familias distintas de inmunoglobulinas, una de las cuales es la inmunoglobulina E. Durante una reacción alérgica, los linfocitos B producen cantidades excesivas de inmunoglobulina E, proceso que finalmente da como resultado síntomas alérgicos.

Inmunoglobulina. Véase *anticuerpos.*

Inmunoterapia. Inyecciones de cantidades cada vez mayores de un alergeno que se sabe desencadena una respuesta alérgica en el paciente mediante la cual se espera que dicho paciente se desensibilice, de modo que deje de experimentar una reacción alérgica al alergeno en cuestión. Resulta especialmente indicada para personas que sólo son alérgicas a uno o a pocos alergenos.

Memoria inmunitaria. Capacidad del sistema inmunitario del cuerpo de retener información sobre sustancias extrañas y de responder a su presencia en el futuro. Una vez un individuo se sensibiliza a una sustancia extraña, la exposición subsiguiente a dicha sustancia desencadenará automáticamente una reacción por parte del sistema inmunitario, dando como resultado síntomas alérgicos.

Moco. Secreción líquida producida por las glándulas mucosas, tales como las que se encuentran en el tracto respiratorio. La secreción excesiva de moco durante un ataque de asma se forma en las vías respiratorias y se puede expulsar con la tos en forma de diminutos «tapones» similares a un nudo después del ataque.

Polen. Semen masculino de las plantas.

Polinosis. Alergia al polen (fiebre del heno).

Prostaglandina. Grupo de sustancias químicas que se da de forma natural, muy extendido por el cuerpo, y que participa en numerosas funciones corporales. Constriñe los músculos lisos en una reacción alérgica y es la responsable del estrechamiento de las vías respiratorias que se da en un ataque de asma agudo.

Prueba de parche. Prueba cutánea para el diagnóstico de eccemas por contacto.

Prueba de punción. Prueba cutánea utilizada para detectar una alergia.

Prurito. Comezón, picor.

RAST. Prueba para detectar los anticuerpos IgE específicos que intervienen en determinadas reacciones alérgicas.

Reacciones alérgicas. Reacción del sistema inmunitario del cuerpo a un alergeno, lo cual provoca síntomas alérgicos.

Rinitis. Inflamación del revestimiento membranoso de la nariz (también conocido como mucosa nasal), produciendo estornudos y congestión («taponamiento») de las vías nasales o moqueo. A la rinitis estacional se la conoce popularmente como fiebre del heno (polinosis), mientras que la rinitis perenne se da durante todo el año.

Sensibilización. Se da cuando una persona se encuentra por vez primera con una sustancia, sustancia que, en exposiciones subsiguientes, desencadena una reacción alérgica en dicha persona. A la sustancia se la conoce como alergeno.

Teofilina. Fármaco utilizado para tratar el asma; tiene un efecto broncodilatador. Véase también broncodilatadores.

Tratamiento de uso tópico. Se aplica directamente sobre la parte afectada del cuerpo.

Vasoconstrictor. Sustancia que constriñe las diminutas arterias –las arteriolas– y, por tanto, puede prevenir o tratar la congestión.

Términos de la construcción y del hogar

Aire acondicionado. El aire acondicionado completo proporciona el control de la temperatura y la humedad del aire en una construcción. Lo más habitual es que el control de la temperatura sólo se proporcione para aportar una agradable refrigeración en épocas calurosas.
Sistema central: la unidad de aire acondicionado distribuye aire acondicionado por todo el edificio.
Sistema split: una única unidad exterior conectada a unidades independientes en cada estancia acondicionada. **Unidad portátil o acondicionadora:** proporciona refrigeración local. Requiere una conexión canalizada permanente o temporal con el exterior para expulsar el aire caliente generado.

Aislamiento. El aislamiento térmico de una casa reduce la pérdida de calor en invierno, lo cual proporciona una mayor comodidad, la reducción de las facturas de la calefacción y unas superficies más cálidas, lo cual, a su vez, reduce la condensación y el crecimiento de moho.

Burlete. El burlete de una casa reduce la ventilación no deseada, proporcionando mayor comodidad y reduciendo las facturas. Debería prestarse atención a todas las rutas de filtración del aire, tales como rodapiés, tablones del suelo u orificios de fontanería en paredes o techo.

Calefacción central. La calefacción central proporciona una fuente de calor, tal como una caldera; una forma de distribución del calor por la casa, tal como tuberías de agua caliente; y algo para emitir calor en la habitación, como un radiador.

Calefacción por aire a presión. El aire se caldea mediante una fuente central y es distribuido por la casa por medio de conductos. El aire caliente pasa a las habitaciones por medio de registros, para regresar posteriormente a la fuente de calor y para ser recirculado.

Campana extractora. Campana instalada sobre una cocina que extrae el vapor y los humos que se generan al cocinar. Lo mejor es expeler los humos al exterior. En los modelos de recirculación, los humos pasan a través de un filtro de carbono que elimina los olores para después ser devueltos a la cocina.

Compuestos Orgánicos Volátiles (VOC). Este término engloba la amplia gama de vapores emitidos por compuestos orgánicos, tales como plásticos o colas. La identificación de la larga lista de compuestos individuales es una tarea ardua y suele agrupárselos bajo el término concentración de VOC para proporcionar una medida general de la calidad del aire.

Condensación. Deposición de agua líquida del aire húmedo que es enfriado por debajo de su punto de condensación.

Deshumidificador. Dispositivo que elimina la humedad del aire. La mayor parte de ellos incorpora una pequeña unidad de refrigeración que condensa el agua del aire.

Disolvente. Líquido utilizado para disolver otras sustancias, tales como aguarrás mineral o tetracloruro de carbono. Los disolventes son una fuente de VOC (véase más abajo).

Extractor. Ventilador que extrae aire de una habitación y lo expele al exterior.

Filtro de aire. Gaseoso: filtro que puede eliminar gases contaminados del aire. Particulado: filtro que elimina partículas en suspensión de una corriente de aire que pasa a través de él. HEPA (Aire Particulado de Alto Rendimiento): filtro capaz de eliminar partículas inferiores a 1 micra de diámetro.

Formaldehído. Gas acre e irritante que, en concentraciones elevadas, constituye un peligro para la salud. Se utiliza en la producción de algunas colas resinosas y materiales de aislamiento presentes en la mayor parte de los hogares.

Humedad. Cantidad de agua no deseada o excesiva de una construcción. Puede adoptar la forma de humedad condensada en una superficie fría o de humedad excesiva absorbida por la estructura del edificio.

Humedad. Medición de la cantidad de vapor de agua del aire. Absoluta: la cantidad de vapor de agua contenida en un metro cúbico de aire. Se mide en gramos de agua por kilogramo de aire. Relativa (RH): la humedad de un volumen de aire, expresada en forma de porcentaje de la cantidad de vapor de agua que podría contener el aire si se saturara. La RH depende tanto de la humedad absoluta como de la temperatura del aire en cuestión. Aire saturado: aire que contiene tanto vapor de agua como puede retener y que, por definición, tiene una humedad relativa del 100%.

Humidificador. Dispositivo que añade vapor de agua al aire, ya sea en forma de vapor o de finas gotas de agua.

Ionizador. Dispositivo que transmite una carga electrostática a las moléculas de aire que, a partir de ese momento, se denominan iones. Los iones favorecen que las partículas de polvo del aire se adhieran a superficies, tales como paredes, de modo que el ionizador actúa para limpiar el aire. Se han registrado efectos beneficiosos en el estado de ánimo y la respiración.

Punto de condensación. Temperatura a la cual un volumen determinado de aire se satura al enfriarse. Una refrigeración adicional da como resultado la condensación. Ahorro energético (o conservación de la energía): reducción del consumo de combustible y de energía en el hogar combinando aislamiento, aparatos eléctricos eficaces y un uso controlado.

Rejilla de ventilación. Ventilador diseñado para proporcionar ventilación de fondo. Las rejillas de ventilación se encuentran dispuestas de tal manera que protegen contra los agentes meteorológicos y las moscas y suelen instalarse en los marcos de las ventanas.

Residuos de combustión. Quemar cualquier clase de combustible fósil produce una mezcla de productos de combustión, dependiendo del tipo de combustible y de la eficacia de la combustión. Algunos productos son peligrosos e incluso letales, como el monóxido de carbono generado por un quemador de gas deficientemente mantenido.

Tubo. Atmosférico o abierto: un aparato de combustión de tubo atmosférico toma aire de una habitación para proporcionar el oxígeno necesario para la combustión; es preciso proporcionar este suministro de aire asegurando una ventilación permanente. Los productos de combustión se expelen al exterior por un tubo. **De circuito estanco o cerrado:** el aire para la combustión se toma del exterior; la terminal exterior incorpora tanto la toma de aire como el conducto de escape de los gases de combustión. Algunos aparatos hacen uso de un pequeño ventilador para garantizar la expulsión satisfactoria de los gases de combustión.

Vapor de agua. Agua que existe en el aire en forma de gas invisible. Cocinar, secar la ropa y el sudor, y la respiración humanos añaden vapor de agua al aire.

Ventilación mecánica. La ventilación es accionada por un medio mecánico, tal como un ventilador eléctrico. Compensada: sistema de ventilación mecánica en el que tanto la entrada de aire exterior como la expulsión del aire interior son accionados por ventiladores. Las unidades de ventilación compensadas pueden servir a una única habitación o a toda la casa. Parcial: sistema de ventilación mecánica compensado instalado en el desván de una casa que sirve únicamente a las habitaciones de la planta superior y que se suele completar con un extractor en la cocina. Total: sistema de ventilación mecánica compensada que sirve a toda la casa y que normalmente incorpora filtración del aire entrante y recuperación del calor. Con recuperación del calor: sistema de ventilación mecánica en el que la energía se recupera del aire saliente y pasa al aire entrante. Con recuperación de energía: sistema de ventilación mecánica en el que la energía se recupera del aire saliente y pasa al aire entrante. Suele ser idéntico a la recuperación de calor. Con rueda desecante: dispositivo que intercambia el calor y la humedad entre dos corrientes de aire: una de aire interior y otra de aire exterior. Puede recuperar energía en un sistema de ventilación total, tanto si la construcción está siendo caldeada o refrigerada, humidificada o deshumidificada, de modo que se puede aplicar a diversos climas.

Ventilación. La sustitución del aire viciado de una construcción por aire procedente del exterior.

Ventilación natural. Ventilación que se realiza por medio de las fuerzas naturales del viento y la temperatura, como por ejemplo, ventanas abiertas, chimeneas y ventilación pasiva de chimenea. Ventilación pasiva de chimenea: sistema de ventilación natural que consta de conductos de extracción que van desde la cocina, el baño y el cuarto de planchar hasta el tejado, junto con tomas de aire en estancias habitables. Es posible ejercer cierto grado de control utilizando reguladores que respondan a los cambios de humedad.

Vivienda saludable. Vivienda que proporciona un entorno seguro y saludable para sus habitantes. Una definición más amplia incluiría una buena salud mental y un bienestar social además de una salud y seguridad físicas.

Bibliografía

ÁLVAREZ CUESTA E., IBÁÑEZ SANDÍN M. D y CUESTA HERRANZ J.: «Alergia a la penicilina y otros betalactámicos». En *Tratado de Alergología e Inmunología Clínica.* Tomo VII. Alergología Clínica (V). Sociedad Española de Alergología e Inmunología Clínica. Madrid, 1992; pp. 211-236.

BOUSQUET, J.: *Las alergias.* Debate, 1996.

CABANAS GANCEDO R. y PETEIRO GARCÍA M. C. : «Dermatitis Atópica». En *Tratado de Alergología e Inmunología Clínica.* Tomo V. Alergología Clínica (III). Sociedad Española de Alergología e Inmunología Clínica. Madrid, 1986; pp. 65-86.

CENNELIER, M.: *La alergia y la homeopatía.* Editorial Paidotribo, 1999.

DAVIES, R. J.: *La alergia.* Ediciones B, 1999.

DOMÍNGUEZ LÁZARO A.R., GARCÍA CUBERO A. y RODRÍGUEZ MOSQUERA, M.: «Urticaria y edema angioneurótico». En: *Tratado de Alergología e Inmunología Clínica.* Tomo V. Alergología Clínica (III). Sociedad Española de Alergología e Inmunología Clínica. Madrid, 1986, pp. 37-64.

FITZGIBBON, J.: *Las alergias y sus tratamientos.* Paidós Ibérica, 1999.

FLADE, S.: *Alergias. La curación natural.* Integral, 1998.

GONZALO REQUÉS F., NIETO A., BOQUETE M. y PELTA R.: «Reacciones adversas a medicamentos». En: *El enfermo alérgico en Atención Primaria.* Edilesa. León, 1992; pp.153-223.

HERNÁNDEZ GARCÍA J.: *Urgencias alergológicas y su tratamiento.* Grupo Jarpyo. Madrid, 1987. —*Urticaria y angioedema.* Grupo Jarpyo. Madrid, 1988. —*Manual práctico de alergia a medicamentos.* Grupo Jarpyo. Madrid, 1988.

LESSOF, M. H.: *Alergia e intolerancia a los alimentos.* Editorial Acribia, 1996.

MALET I CASAJUANA, A.: *Manual de alergia alimentaria.* Masson, 1995.

MCLAIN, G.: *Curación natural del asma y las alergias.* Robinbook, 1997.

MIQUEL, R.: *Supera tu alergia.* Espasa Calpe, 1994.

MUÑOZ LÓPEZ, F.: *Alergia respiratoria en la infancia y adolescencia.* Springer, 1999.

NEGRO ÁLVAREZ J. M.: *Rinitis alérgica. Mecanismos y Tratamiento.* Edika Med. Barcelona, 1996.

PRIETO ANDRÉS J. L.: «Diagnóstico de la alergia a fármacos». En *Tratado de Alergología e Inmunología Clínica.* Tomo VII. Alergología Clínica (V). Sociedad Española de Alergología e Inmunología Clínica. Madrid, 1992; pp. 143-178.

PELTA, R.: *Entender las alergias.* Temas de Hoy, 1995.

PELTA FERNÁNDEZ, R. y VIVAS ROJO, E.: *Piel y alergia.* Ediciones Díaz de Santos, 1997.

SENENT SÁNCHEZ O. y GOZALO REQUÉS F.: «Urgencias en Alergia». En: *Pregrado de Alergología.* Madrid, 1985; pp. 511-524.

SIERRA MONGE, J. J. L.: *Alergia e inmunología.* McGraw-Hill / Interamericana Editores, 1997.

TERRASS, S.: *Alergias.* Tutor, 1994.

V.V.A.A.: *Alergias.* Susaeta, 1999.

VOLK, R.: *Las alergias.* Acento Editorial, 1996.

WALJI, H.: *Asma y alergias.* Plaza & Janés, 1995.

WASMER, S.: *Alergias y asmas.* De Vecchi, 1995.

Índice analítico

Agradecimientos

Agradecimientos por las fotografías en orden alfabético

Abode/Ian Parry 113/Spike Powell 25; Allerayde 82; Allergy and Asthma Federation, Finland 114; Heather Angel 28, 29 superior derecha; The Asthma Foundation of Victoria/BREATHE ESASY TM/Eastern Energy 124, 125, 126, 127; Bubbles/David Robinson 40; Camera Press Ltd. 112; Environmental Images/Martin Bond 17/Vanessa Miles 33; Elizabeth Whiting Associates 108; Garden Picture Library/Steven Wooster 59; Habitat UK 49 (insect); Home Beautiful/Sunbury Healthy House 118-119, 120, 121, 122-123; Houses & Interiors/Verne 2, 92; IKEA 89; Images Colour Library 26, 88; The Interior Archive/Fritz von der Schulenburg 80-81/Andrew Wood 94-95; International Interiors/Paul Ryan 106-107/Frances Halliday 110-111; IPC/Homes and Gardens/Hannah Lewis 70/Pia Tryde 93/Living Etc/Peter Apramian 15, 55; Junckers Solid Hardwood Flooring 63, 73; Kahrs 78, 97; Miele Company Ltd 96; Octopus Publishing Group Ltd 19,/Dominic Blackmore 6, 100-101, 104-105, 109, 129/Tim Clinch 51/Jeremey Hopley 84/James Johnson 20/James Merrell 34, 62, 86-87,/Kevin Summers 24/Simon Upton 64, 71, 83, 90-91, 98; Mountain Breeze (0161 947 3000) 58; N.H.P.A./Stephen Dalton 38; Rehau 60; Science Photo Library 52/Dr Jeremy Burgess 22/Mark Clarke 46/Ralph Eagle 30 inferior izquierda/Eye of Science 36, 42/Keith Kent 31/James King-Holmes 44 inferior derecha/John Mead 32/Saturn Still 44 inferior centro/Andrew Syred 29 superior centro; SEBO (UK) LTD 75; Starkey Systems 74; Tony Stone Images 21, 30 inferior centro, 35, 66, 103/Doug Armand 37/Christopher Bissell 65/Christoph Burki 4-5/Roger Charity 18/Donna Ray 41/Mark Douet 13/Dale Durfee 43/Alain Le Garsmeur 10-11, 48-49, 128-129/Claude Guillaumin 102/Walter Hodges 117/S Lowry/Univ. Ulster 1/John Milar 47, 77/Andreas Pollok 11/Jon Riley 16/Camille Tokerud 27

Agradecimientos

Nos gustaría dar las gracias muy especialmente a las siguientes personas e instituciones: Carol Martin, por su inagotable respaldo y ayuda en el trabajo de secretaria; doctor Donald McIntyre, experto en ventilación; Indoor Climate Services, Chester, Reino Unido y doctor Colin Hunter del Building Research Establishment, Watford, Reino Unido, por su inestimable colaboración y ayuda en la preparación del original de este libro; Carin Lavery, de la fundación Asthma Foundation Victoria, Australia; Leisl Wood, de Mansfield, Victoria, Australia; Bernand Desmoreaux y Jan Brandjes, del instituto Australian Healthy House Institute, Sunbury, Victoria, Australia; y Susanna Palkonen, de la federación Finnish Allergy and Asthma Federation, Helsinki, Finlandia, por su tiempo y ayuda en la preparación de los casos prácticos; Marsha Williams y la oficina de prensa de la campaña National Asthma Campaign, Londres, Reino Unido, por su paciente ayuda.

También nos gustaría expresar nuestro más sincero agradecimiento por su tiempo y su asesoramiento en la redacción de este libro, a: Eleanor Brown, bibliotecaria; Electricity Association Technology Ltd., Chester, Reino Unido; Craig Butler, Derwent Adept; doctor Derrick Crump, del Building Research Establishment, Watford, Reino Unido; Chris Drayson, interiorista de la Casa sin Alergenos de la campaña National Asthma Campaign, Milton Keynes, Reino Unido; Victoria Flint, publicaciones, campaña National Asthma Campaign, Londres, Reino Unido; John Hardy, arquitecto de Hardy Associates, Bristol, Reino Unido; Howard Kloester, de Hurricane Advertising and Marketing, Fitzroy, Victoria, Australia; Sonja Jeltes, fundación Netherlands Asthma Foundation, Leusden; Claire Marris, por sus conocimientos sobre la construcción de una casa sin alergenos y el cuidado de un niño con alergias; Martine Packer, de Packer Forbes Communications, Londres, Reino Unido; Carol Peek, fundación British Allergy Foundation, Welling, Reino Unido; Richard Porteus y Jonathan Starkey, directores, Starkey Systems, Worcester, Reino Unido; Don Pringle, Servicemaster, Dublín, Eire; Mike Rhodes, director, Alleyrade, Newark, Reino Unido; Maxima Skelton, directora, The Healthy House, Stroud, Reino Unido; Colin Taylor, director gerente, Medivac, Wilmslow, Reino Unido; y Josine van den Bogaard, The GGD, Rotterdam, Países Bajos.

Gracias también por permitirnos incorporar material de sus publicaciones a: Ceres Press (Woodstock, NY, EE.UU.), editor, y Annie Berthold-Bond, autora, por los consejos de limpieza 50-53 *(véase la página 101)*, consejo 84 *(véase la página 76)*, consejos 177 y 181 *(véase la página 101)* de Limpio y ecológico; John Fielden, de Hampton Ventilation Ltd, Newbury, Reino Unido *(véase la página 54, tabla)*; Mitchell Beazley (Londres, Reino Unido), editor, y Lucy Huntington, autora, de *Creación de un jardín bajo en alergenos (véanse las páginas 110-113)*; National Eczema Society, Londres, Reino Unido; Des Whitrow, autor de *Ácaros del polvo doméstico: cómo afectan al asma, al eccema y a otras alergias;* doctor Ian White, autor de un artículo sobre cosméticos y alergenos publicado en el primer número de la revista *Allergy Free* de la fundación British Allergy Foundation *(véanse las páginas 102-103);* Ian West, director, Lakeland Paints, Kendall, Reino Unido *(véase la página 67, tabla)*.

Muchísimas gracias también a las siguientes personas por sus contribuciones y su ayuda durante la redacción de este libro: Philip Arrand, Annie y Lawrence Biggs, doctor Mark Biggs, Sarah Biggs, Susan Biggs, Mike Edmund, Joanne Freed, Rebecca Gauntlett, Sharon Gray, Bob Herring, Mandy Howard, Caroline Howell, Becky May, Chris Miell, Gail Perry, Judith Rawlings, Jane y Nevile Reid, Arthur y Majorie Seldon, Jo Southgate, Gillian y Michael Storkey, Elaine Tanner, John y Jayne Wright y, naturalmente, a nuestras familias, por su constante apoyo y paciencia.

Además, nuestros agradecimientos a: Eastern Energy (TXU), Australia; Lung and Asthma Information Agency, Londres, Reino Unido; Pollen Research Unit, Worcester, Reino Unido; y RoomService, Londres, Reino Unido.

Por último, pero no por ello menos importante, nuestros más sinceros agradecimientos por el trabajo editorial a: Jonathan Hilton y Casey Horton, por la corrección de estilo; Selina Mumford y Julia Northm, por la dirección del proyecto; Helen Stallion, por la documentación gráfica; y Judith More, nuestra directora ejecutiva.